MW01713829

# Sur le rythme

**Catalogage avant publication de Bibliothèque et Archives nationales du Québec et Bibliothèque et Archives Canada**

Chouinard, Carolyn

Sur le rythme

L'ouvrage complet comprendra 2 volumes.
Sommaire : t. 1. Une compétition mouvementée.
Pour les jeunes de 12 ans et plus.

ISBN 978-2-89723-911-4 (vol. 1)

I. Chouinard, Carolyn. Compétition mouvementée. II. Titre.

PS8605.H669S97 2017 jC843'.6 C2016-942315-8
PS9605.H669S97 2017

Les Éditions Hurtubise bénéficient du soutien financier du gouvernement du Québec par l'entremise du programme de crédit d'impôt pour l'édition de livres et de la Société de développement des entreprises culturelles du Québec (SODEC). L'éditeur remercie également le Conseil des arts du Canada de l'aide accordée à son programme de publication.

Financé par le gouvernement du Canada | Canada

Illustration de la couverture : Magalie Foutrier
Conception graphique de la couverture : René St-Amand
Mise en pages : Martel en-tête

Copyright © 2017, Éditions Hurtubise inc.

ISBN : 978-2-89723-911-4 (version imprimée)
ISBN : 978-2-89723-912-1 (version PDF)
ISBN : 978-2-89723-913-8 (version ePub)

Dépôt légal : 1er trimestre 2017

Bibliothèque et Archives nationales du Québec
Bibliothèque et Archives Canada

Diffusion-distribution au Canada :
Distribution HMH
1815, avenue De Lorimier
Montréal (Québec) H2K 3W6
www.distributionhmh.com

Diffusion-distribution en Europe :
Librairie du Québec/DNM
30, rue Gay-Lussac
75005 Paris FRANCE
www.librairieduquebec.fr

DANGER LE PHOTOCOPILLAGE TUE LE LIVRE

La *Loi sur le droit d'auteur* interdit la reproduction des œuvres sans autorisation des titulaires de droits. Or, la photocopie non autorisée – le « photocopillage » – s'est généralisée, provoquant une baisse des achats de livres, au point que la possibilité même pour les auteurs de créer des œuvres nouvelles et de les faire éditer par des professionnels est menacée. Nous rappelons donc que toute reproduction, partielle ou totale, par quelque procédé que ce soit, du présent ouvrage est interdite sans l'autorisation écrite de l'Éditeur.

*Imprimé au Canada*

**www.editionshurtubise.com**

Carolyn Chouinard

# Sur le rythme

## 1. Une compétition mouvementée

Hurtubise

**De la même auteure**

*Le cercle d'Éloan : Tome 1 - La légende oubliée,* Éditions de Mortagne, 2010.

*Le cercle d'Éloan : Tome 2 - Le duel des apprentis,* Éditions de Mortagne, 2011.

*Le cercle d'Éloan : Tome 3 - Le retour du captif,* Éditions de Mortagne, 2012.

*So nice : Tome 1 - C'aurait pu être pire,* Dominique et compagnie, 2015.

*So nice : Tome 2 - Mensonges et manigances,* Dominique et compagnie, 2016.

*So nice : Tome 3 - L'épave maudite,* Dominique et compagnie, 2016.

*À mes filles qui partagent ma passion*
*pour la danse*
*Et un merci tout spécial à Amélie Boisvert*
*et Audréanne Boisvert*
*qui m'ont aidée à trouver de bonnes idées*
*pour l'écriture de ce premier tome.*

# 1

# Enfin arrivée !

Je glisse la carte dans l'interstice et pousse la porte avec mon épaule. Elle ne bouge pas d'un poil.

— Passe-la dans l'autre sens, Maé ! s'impatiente mon frère.

— Relaxe, Tristan ! On est ici pour tout le week-end. Il n'y a rien qui presse !

Il a raison, je tenais la carte du mauvais côté. Je la repasse et, cette fois, le voyant lumineux tourne au vert. J'ouvre la porte de la chambre et Tristan se précipite pour entrer en premier avant de s'élancer de tout son long sur le lit le plus proche.

— Ça, c'est la belle vie ! se réjouit-il.

— Tu pourrais nous aider, non ? lui lancé-je, les mains sur les hanches.

Ma mère se trouve toujours dans le corridor. Je l'aide à tirer à l'intérieur le chariot sur lequel sont empilés nos bagages.

— Vous vous débrouillez très bien sans moi !

Je lève les yeux au ciel. Ce doit être mon frère qui a inventé la loi du moindre effort. Tristan a le don de me mettre à bout. C'est qu'il déplace de l'air et il adore me faire enrager. Je crois même que c'est son passe-temps favori !

Lorsque la porte se referme derrière nous, j'observe les lieux. La chambre est comme dans mes souvenirs : deux grands lits sont disposés du côté droit de la pièce tandis qu'un fauteuil, une table de travail et un téléviseur posé sur une commode se trouvent sur le mur opposé.

— On ne saute pas sur les lits ! reproche ma mère à Tristan qui se croit sûrement sur un trampoline.

— Je voulais juste tester le confort du matelas…

Je lui indique le sofa placé près de la fenêtre.

— Tu devrais aller tester le divan-lit puisque c'est là que tu vas dormir.

— Et pourquoi je serais obligé de dormir là ?

— Parce que je suis plus vieille que toi et que je l'ai décidé !

— C'est trop injuste !

— Vous avez bientôt fini de vous chamailler ? soupire ma mère d'un ton exaspéré. J'espérais qu'on passe une belle fin de semaine en famille. J'avais prévu me détendre un peu et avoir du bon temps avec vous. Il y a sûrement moyen de vous entendre, non ?

— On fait un deux de trois ! propose Tristan en plaçant une main derrière son dos.

— OK !

— Bonne idée ! déclare ma mère en se dirigeant vers la salle de bain pour y déposer la trousse de maquillage qu'elle vient de sortir de sa valise.

— Roche, papier, ciseaux ! commence mon frère.

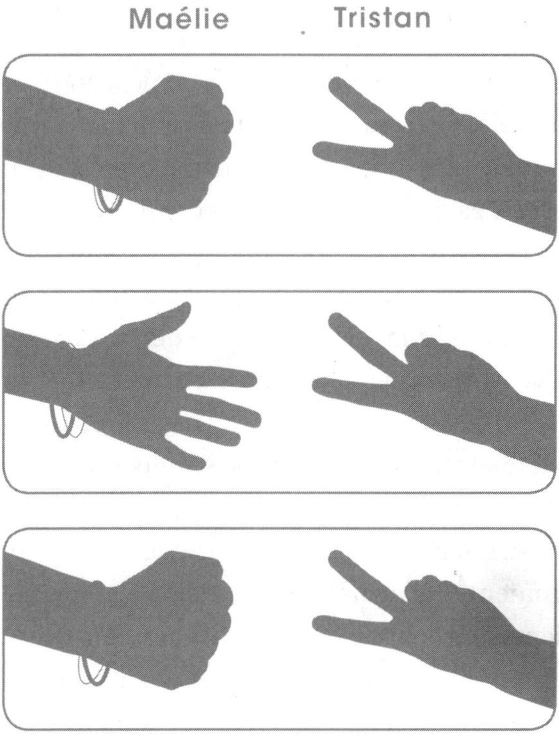

Après le troisième affrontement, je lève les bras en l'air.

— J'ai gagné ! conclus-je avec un grand sourire. Alors, pousse-toi de mon lit !

Tristan bougonne un peu, mais il s'exécute pour se laisser tomber de tout son long sur le divan dont il a hérité. Il y a longtemps que je ne dors plus avec lui quand nous séjournons à l'hôtel. Mon frère prend tellement de place que je suis même déjà tombée en bas du lit ! Parce que Monsieur fait l'étoile en dormant !

C'est une tradition familiale de descendre dans cet hôtel d'Ottawa, près de l'aéroport, et d'y loger quelques jours à l'occasion de ma compétition de danse. C'est bizarre que mon père ne soit pas avec nous cette fois. L'an dernier, jusqu'en décembre, ma vie était encore « normale ». Nous formions une famille unie. Enfin, c'est ce que je croyais ! Je ne savais pas que ce serait le dernier Noël qu'on passerait ensemble tous les quatre. Dès le temps des fêtes terminé, nos parents nous ont annoncé à Tristan et à moi qu'ils se séparaient. Jamais je ne me serais attendue à ça... Je croyais qu'ils s'aimaient ! Ils avaient l'air de bien s'entendre, ils étaient rarement en désaccord, comment aurais-je pu me douter que ça n'allait plus entre eux ? Ma mère m'a expliqué qu'elle a beaucoup aimé toutes ces années passées avec mon père, mais qu'ils sont arrivés à la croisée des chemins. Ce que je comprends, c'est que mon père et ma mère n'ont plus la même vision de l'avenir, tous les deux. Ils veulent suivre des routes différentes et il n'y a aucune chance qu'ils soient à nouveau ensemble un de ces jours.

Ce qui me rend le plus triste, c'est que je ne vois plus mon père que très rarement. Une fin de semaine sur deux. Depuis qu'il a obtenu son brevet de pilote et qu'il a été engagé à l'aéroport de Québec, l'été dernier, il ne peut plus nous recevoir tous les week-ends. Je sais que ce travail le rend heureux puisqu'il en rêvait depuis toujours. Sauf que son absence est comme un nuage dans le ciel. J'aurais aimé qu'il passe ce week-end avec nous...

— Ça va, Maélie ? me demande ma mère qui a remarqué mon air triste.

Elle me connaît trop bien. Ma mère est psychologue et il est hors de question que je subisse une thérapie aujourd'hui ! Je me force à sourire et la rassure en inventant une excuse pour éviter une longue discussion :

— Oui, oui. Je crois que mon système de rangement n'est pas vraiment au point...

Je fouille dans ma valise depuis deux bonnes minutes pour retrouver mon maillot de bain sans arriver à mettre la main dessus. Est-ce possible que je l'aie oublié ? Ce serait la catastrophe ! Pourtant, je me suis réveillée très tôt ce matin pour mettre la touche finale à mes bagages et vérifier que je n'oubliais rien...

Ah ! Le voilà. Fiou ! J'ai eu chaud ! Je file à la salle de bain pour l'enfiler. Tristan a eu la même idée puisqu'il pique une course pour me devancer. Trop tard pour lui ! Je lui referme la porte au nez. Même si mon frère a onze ans, parfois il est si bébé qu'on lui en donnerait seulement cinq. Il y a des jours où j'aimerais teeeeellement être fille unique ! Comme j'ai trois ans de plus que lui, je dois montrer l'exemple... et être raisonnable. C'est ce que ma mère me répète tout le temps. Surtout lorsque je lui dis que je ne veux pas avoir mon frère dans les pattes. Elle semble oublier que les adolescents ont besoin d'un peu d'air de temps à autre...

J'enfile une robe par-dessus mon maillot et je préviens ma mère que je serai à la piscine.

— Maélie, tu attends ton frère...

Ce n'est pas une question, mais une demande que je ne peux pas vraiment refuser. Je soupire et m'assois sur le lit. Pourquoi dois-je toujours m'occuper de lui ?

— Fais ça vite, Tristan !

Mon frère enfile son maillot en un temps record. Il récupère au fond de sa valise un masque, un tuba, des palmes, une serviette et un vieux ballon de plage dégonflé.

— Ça y est, tu as tout ce qu'il te faut ? dis-je d'un ton sarcastique.

— Tu vas bien le surveiller ? s'inquiète ma mère.

— Maman, je ne suis plus un bébé ! proteste Tristan. Et je te rappelle que je sais nager !

— Sois sage et écoute ta sœur. Dès que j'aurai terminé de tout ranger, j'irai vous rejoindre.

Nous sortons de la chambre en jouant du coude dans le cadre de porte, puis nous nous dirigeons vers l'ascenseur pour descendre au rez-de-chaussée, deux étages plus bas. Par la fenêtre du bout du corridor, j'aperçois des flocons de neige qui tombent tout doucement. Tristan a rarement l'occasion de se baigner en hiver et un bassin d'eau le rend heureux au plus haut point. J'ai de la misère à le suivre tellement il marche vite ! Depuis trois jours, il ne cesse de nous répéter combien il a hâte de sauter dans la piscine de l'hôtel. Mon frère adore nager. Ma mère devrait penser à l'inscrire à un club de natation.

Je connais cet hôtel comme le fond de ma poche puisqu'on y passe un week-end de décembre chaque année depuis cinq ans. Pour avoir accès à la piscine intérieure, nous devons traverser le hall d'entrée. J'aperçois plusieurs clients confortablement assis dans des fauteuils près du foyer. De l'autre côté du hall se trouve la salle à manger où des dizaines de tables sont déjà dressées pour le prochain repas. On mange très bien ici, mais ce que je préfère par-dessus tout, ce sont les brunchs. Je peux alors choisir tout ce qui me plaît : patates, œufs brouillés, bacon et bagels au fromage à la crème. Oh ! J'oubliais ! Un gaufrier est à la disposition de la clientèle. Je profite donc de chaque séjour ici pour m'empiffrer de gaufres sur lesquelles je dépose une montagne de petits fruits et une rivière de sirop d'érable ! Mmmm ! Trop bon !

Je passe devant le comptoir de la réception et je salue le propriétaire, qui était absent lors de notre arrivée. L'homme au crâne dégarni est vêtu d'un complet avec cravate.

— Bonjour, monsieur Martin !

— Bonjour, Maélie ! Bonjour, Tristan ! C'est incroyable comme vous avez grandi tous les deux depuis l'an passé ! Prêts pour une petite saucette ?

— Oui !

— Nous avons du nouveau cette année, annonce l'homme qui semble toujours de bonne humeur.

— Qu'est-ce que c'est ? demande mon frère.

Du doigt, monsieur Martin nous indique une table installée près du comptoir où le café est offert aux clients.

— Une distributrice de chocolat chaud ? Quelle bonne idée ! apprécié-je en éclatant de rire.

L'an passé, j'en avais fait la suggestion au proprio pour les enfants qui fréquentent l'hôtel. On dirait bien que monsieur Martin a pris cette proposition au sérieux !

— Je vous promets de venir y goûter après ma baignade.

— Pas de problème. La distributrice est là pour vous. À plus tard !

# 2
# Une rencontre inattendue

Je glisse la carte magnétique dans le lecteur. Cette fois, un seul essai est nécessaire pour ouvrir la porte donnant accès à la piscine intérieure de l'hôtel. Un mur complet est couvert de fenêtres. En ce début d'après-midi, le soleil réchauffe la pièce qui ressemble à une serre tellement il y a de plantes vertes en pot. Plusieurs personnes sont allongées sur des chaises longues autour de la piscine, bien que peu de baigneurs s'amusent dans le bassin en ce moment. Près de l'entrée, trois tables de patio sont alignées le long du mur. Je dépose ma serviette sur l'une d'elles, puis j'enlève la robe que j'ai enfilée par-dessus mon maillot rose à pois blancs. Je glisse mes sandales sous une chaise et me dirige vers la piscine.

Je repère mon amie Kim. Elle est déjà à l'eau et me fait signe de la rejoindre. Ses parents sont assis dans des fauteuils de l'autre côté de la piscine. Sa mère m'aperçoit et me salue de la main.

Il y a longtemps que nous sommes amies, Kim et moi. Nous avons la même passion pour la danse. J'ai fait sa connaissance à l'école Triskel, où nous dansons ensemble depuis l'âge de six ans. Nous ne pratiquons ni le hip-hop ni le ballet. Notre passion à nous, c'est la danse irlandaise ! C'est un style très particulier qui sollicite principalement les jambes ; le haut du corps, quant à lui, reste droit et les bras demeurent tendus et immobiles. Ça semble facile, mais ça demande des heures et des heures de répétition pour maîtriser les mouvements de pieds ultrarapides. Et c'est sans compter qu'il faut apprendre des pas différents sur quatre rythmes distincts. Le *reel* et le *slip jig* se dansent avec un soulier souple ressemblant à un chausson de ballet, tandis que les pas de *treble jig* et de *hornpipe* sont exécutés avec un soulier de cuir noir dont le talon et le dessous des orteils sont en résine très dure. Cette dernière permet au danseur de produire des sons quand il frappe le sol avec le talon ou le bout du pied. Battre différents rythmes avec mes pieds, c'est ce que je préfère !

Si nous sommes au même hôtel ces jours-ci, Kim et moi, c'est parce qu'il y aura un *feis* à Ottawa dans deux jours. *Feis* signifie « festival » en gaélique et on le prononce de cette façon : fêch. Il s'agit d'une compétition de danse irlandaise où chaque danseur est évalué individuellement selon son âge et son niveau. Puisque Kim est du même âge et du même niveau que moi, nous compétitionnons donc souvent l'une contre l'autre dans les *feis*. Même si nous sommes rivales le temps de l'événement et qu'il n'y a qu'une seule gagnante, cela ne nous empêche pas d'être les meilleures amies du monde !

Cette année, nos parents se sont consultés avant de réserver les chambres d'hôtel. C'était mon idée de nous retrouver au même endroit pour quelques jours. Nous n'avons pas eu à insister beaucoup, puisqu'ils ont trouvé la suggestion excellente. Il faut dire que nos parents se connaissent bien. Ils ont l'occasion de se croiser très souvent, quand ils viennent nous reconduire aux cours ou qu'ils assistent aux spectacles de la troupe. C'est sans compter que les *feis* sont assez fréquents pendant l'année. Kim et moi participons annuellement à six ou sept *feis*, autant au Canada qu'aux États-Unis.

— Salut, Kim ! Comment ça va ?

— Bien, et toi ?

— Super ! Ça fait longtemps que t'es arrivée ?

— À peine cinq minutes.

— Tu veux jouer au ballon ? lui demande mon frère.

Avant que mon amie lui réponde, je m'interpose :

— Tristan ! Je n'ai même pas encore mis mon gros orteil à l'eau ! Tu pourrais nous laisser respirer un peu ?

— Trop poche ! s'exclame-t-il avec une moue découragée.

Kim éclate de rire. Elle aime bien Tristan. Comme ses parents n'ont pas eu d'autres enfants, elle considère que j'ai de la chance d'avoir un jeune frère aussi sympathique. Probablement que son statut d'enfant unique lui fait voir seulement les bons côtés de la chose. Si Tristan était son frère, je suis certaine qu'elle le trouverait aussi collant qu'un pot de colle et aussi dérangeant qu'un maringouin. Avec le temps, je me suis rendu compte que le meilleur moyen de me débarrasser de Tristan, lorsque je veux être seule avec mon amie, c'est de discuter mode ou manucure. Il déguerpit alors aussi rapidement que s'il avait croisé une moufette ! Avant que j'aie pu aborder un de ces sujets, Kim prend le parti de mon frère :

— Allez, Maé, dis oui ! On est ici pour s'amuser, non ?

— Traîtresse ! lancé-je à mon amie.

Elle éclate de rire devant mon air déprimé. Quant à Tristan, il a déjà retrouvé le sourire. Avant que mon frère se fasse des idées, je mets les choses au clair avec lui :

— OK ! C'est d'accord ! On joue cinq minutes et ensuite tu nous laisses tranquilles. Promis ?

Tristan accepte le marché et se dirige vers ses affaires déposées pêle-mêle sur une chaise près de l'entrée. Pendant que j'attache mes longs cheveux roux en chignon avec la pince accrochée à ma bretelle de maillot, il récupère son ballon gonflable bleu, blanc et rouge.

— Je vois que ton frère a pensé à tout, me fait remarquer Kim.

— La dernière à l'eau gonfle le ballon ! s'écrie Tristan en revenant vers nous.

Alors qu'il saute à pieds joints dans la piscine, je fais un pas en arrière. Ouf ! Je suis passée à deux doigts de me faire éclabousser !

Kim étant déjà dans la piscine, je suis donc la perdante. J'aurais dû me douter que Tristan me ferait un coup comme celui-là ! Impossible pour mon frère d'être sérieux plus de deux minutes. C'est comme ça qu'on l'aime, dirait ma mère ! Personnellement, je ne suis pas tout à fait du même avis. OK, j'avoue que je ne souhaite aucun mal à mon petit frère. Mais lorsqu'il entre dans ma chambre sans frapper, qu'il fouille dans mes affaires ou qu'il s'immisce dans mes conversations, j'aimerais bien le faire disparaître d'un claquement de doigts !

Je m'assois sur le bord de la piscine et j'entreprends de gonfler le ballon flasque qu'il me tend. Mes joues sont tendues au maximum et mon visage doit être aussi rouge qu'une tomate. Je déteste que ma peau rougisse aussi facilement, seulement je n'y peux rien. J'ai le teint très pâle et ça doit être de famille puisque Tristan est comme moi : mêmes taches de rousseur sur le nez, mêmes cheveux roux. J'envie le teint de métisse de Kim. Sa mère étant québécoise et son père mexicain, elle a un teint de rêve à longueur d'année, la chanceuse ! Et si ce n'était que ça… Mon amie a LA chevelure parfaite ! De longues boucles brunes lui descendent jusqu'au milieu du dos. Rien à voir avec mes cheveux qui hésitent à prendre parti pour la boucle parfaite ou le spaghetti pas cuit !

Le ballon augmente de volume peu à peu. Je suis à deux doigts d'hyperventiler et de voir des points noirs. Kim choisit cet instant pour sortir sa caméra submersible et faire quelques clichés de moi. Ces photos seront épouvantables, ça ne fait aucun doute. J'ai sûrement l'air d'un écureuil aux bajoues remplies de pinottes!

Au même moment, j'entends la porte s'ouvrir et se refermer. De nouveaux baigneurs arrivent.

—Psst! Tu devrais jeter un coup d'œil, chuchote Kim à mon intention. Les garçons sont plutôt mignons par ici...

Des beaux gars? Si elle pense que je vais tomber dans le panneau! Je n'ai aucune idée de ce à quoi ils ressemblent puisque le ballon presque entièrement gonflé bloque tout mon champ de vision, mais, connaissant le sens de l'humour de mon amie, les gars en question doivent bien peser dans les trois cents livres ou être laids à mourir...

—Le brun est vraiiiiiment mignon! reprend Kim sans le lâcher des yeux. Ils se dirigent par ici! Tu crois qu'ils vont venir nous parler? me demande-t-elle sans vraiment attendre ma réponse, puisqu'elle enchaîne aussitôt:

—Ce sont peut-être des anglophones? Ce ne sera pas facile de se comprendre, je suis tellement poche en anglais...

Je viens enfin à bout de ma tâche et m'empresse de refermer la valve en plastique. Ça me permet de voir ces garçons qui accaparent l'attention de ma copine depuis qu'ils sont entrés il y a deux minutes à peine.

— Je crois qu'ils nous ont remarquées ! annonce Kim, suffisamment fort pour qu'ils entendent son commentaire.

Elle n'est pas très subtile ! Je lui fais les gros yeux.

— Tu pourrais être plus discrète !

— Alors, les filles, l'eau est chaude ? demande le gars aux cheveux brun foncé.

Il nous sourit de toutes ses dents. Ses boucles sont suffisamment longues pour qu'il puisse les attacher. Tellement pas mon genre ! J'ai même l'impression qu'il bombe le torse pour nous impressionner. Il en fait beaucoup trop ! Il est probablement aussi charmeur avec toutes les filles qu'il croise sur son chemin. Je le classe aussitôt dans la catégorie des machos. Kim ne semble pas rebutée par son attitude, car elle lui retourne son sourire.

Par contre, je dois avouer que celui qui l'accompagne est plutôt agréable à regarder. Grand et mince comme une échalote, il semble avoir un tempérament plus calme que son ami aux larges épaules puisqu'il n'a pas prononcé un seul mot depuis qu'il est arrivé. Selon moi, c'est le plus mignon des deux. Il a les cheveux blond cendré coupés très court, un nez droit et des lèvres fines. Alors qu'il se dirige vers la piscine, je constate qu'il a aussi des yeux incroyables. Ils sont bleu clair et fixés dans ma direction. Kim avait raison… Il me regarde et me sourit.

— C'est clair que tu lui plais ! chuchote mon amie.

Toujours assise sur le bord de la piscine, je pousse l'épaule de Kim avec le bout de mon pied.

— Peux-tu dire à ton imagination de se calmer un peu ? laissé-je tomber à voix basse pour éviter que le principal intéressé ne m'entende.

Soudain, un plouf retentissant me fait sursauter et je perds le contact visuel avec le beau blond. Avant que j'aie pu faire le moindre geste, des litres d'eau me tombent dessus et je me retrouve trempée de la tête aux pieds.

# 3

# Un accident malheureux

— HAHAHAHAHAHAHA !

Tristan est plié en deux tellement il trouve comique que je me sois fait arroser par quelqu'un d'autre que lui. Pour une fois, mon jeune frère n'est pas en cause dans cette mauvaise blague.

— C'est vraiment très drôle ! dis-je sur un ton signifiant clairement qu'il n'en est rien.

Quelle idée de faire une bombe juste à côté de moi ? Alors que j'étais hypnotisée par cet incroyable regard bleu ciel, je n'ai pas vu l'autre gars approcher et s'élancer dans la piscine. Le pire, c'est que Kim est tordue de rire elle aussi !

Fâchée, je me lève et m'éloigne. Je suis habituellement hyper sympathique. Bon, je dois avouer que je suis parfois un peu susceptible... surtout lorsque ce qui m'arrive est hors de mon contrôle. Comme en ce moment, où la situation m'échappe complètement. Tristan va sûrement profiter de l'occasion pour faire remarquer une fois de plus que j'ai un sale caractère.

— Maélie ! Où vas-tu ? me lance Kim.

— Si on ne peut plus se baigner en paix, je m'en vais dans le spa !

— T'avais promis de jouer au ballon ! se plaint Tristan.

J'ignore les protestations de mon frère et me dirige vers le bain à remous situé à quelques mètres de la piscine. Je m'installe dans un coin pour avoir une vue sur tout ce qui se passe dans le bassin principal. Ça me permettra de garder un œil sur Tristan et sur ces deux comiques qui viennent d'arriver. Il est hors de question que je me fasse avoir de nouveau !

Kim vient me rejoindre. Si je n'étais pas aussi frue, je la complimenterais sur son nouveau maillot sensass. Le haut de son deux-pièces est noir avec des franges tandis que la culotte est de la même couleur avec quelques touches corail en plus. Le blagueur ne semble pas indifférent au charme de ma copine puisqu'il la suit des yeux jusqu'à ce qu'elle m'ait rejointe.

— Ne fais pas cette tête-là, Maélie. C'était seulement une blague, essaie-t-elle de me convaincre à voix basse pour éviter que les baigneurs n'entendent notre conversation.

—Je déteste qu'on me fasse ce coup-là ! Et de la part d'un pur inconnu en plus...

—Il s'appelle Sébastien.

—Quoi ? Tu le connais ?

—Non, mais j'ai entendu son ami l'appeler par son prénom lorsqu'il l'a traité de con. Tu sais, le beau blond a pris ta défense...

—C'est vrai ?

—Si tu étais restée près de la piscine plus de trois minutes, tu aurais peut-être pu en savoir un peu plus à son sujet...

—Il ne m'intéresse pas, commenté-je avec indifférence.

—Menteuse ! lâche Kim, un sourire aux lèvres.

Mon amie me connaît trop bien. Ce garçon est arrivé il y a un instant à peine et plusieurs questions tourbillonnent dans ma tête. Comment s'appelle-t-il ? Est-ce qu'il est ici pour plusieurs jours ? Aurai-je la chance de le voir à nouveau pendant le week-end ? Je jette un coup d'œil vers la piscine. Les trois garçons se font des passes dans les airs avec le ballon que J'AI gonflé à m'en faire péter les joues. Ils ont l'air de s'amuser comme des fous ! Tristan semble très heureux d'avoir deux nouveaux amis. Celui-dont-je-ne-connais-pas-le-nom me jette de fréquents coups d'œil. Parfois, il me sourit. Je détourne les yeux chaque fois que ça se produit.

— Tu sais quoi ? J'ai l'impression d'avoir déjà vu Sébastien quelque part, me souffle Kim.

Elle se retourne pour le regarder à nouveau. Le sujet de notre conversation sort de la piscine pour récupérer le ballon qui a roulé près d'une chaise longue inoccupée.

— Tu as vu ses cuisses et ses abdos ? Il fait sûrement de la course pour être aussi musclé !

— Arrête de le regarder, Kim. C'est trop évident qu'on parle de lui !

— Et puis quoi encore ? Si Sébastien fait l'imbécile, il doit s'attendre à se faire remarquer.

— Alors c'est ça, ta théorie ? C'est pour attirer notre attention qu'il a fait tout ce cirque ?

— Absolument ! Il voulait nous impressionner...

— Si c'était son but, je peux t'affirmer que c'est complètement raté en ce qui me concerne.

— Tu en es certaine ? Je te rappelle qu'on parle de lui et de son ami depuis au moins deux bonnes minutes...

— Tu veux me faire croire que tu t'y connais en psychologie masculine ? Ce ne serait pas ma mère qui te met des idées pareilles dans la tête ? Je crois que tu discutes un peu trop souvent avec elle...

—Judith n'y est pour rien. J'ai seulement un bon sens de l'observation... Regarde ! Ton frère nous fait signe de les rejoindre. Alors ? On y va ? propose Kim.

D'un côté, j'aimerais bien avoir l'occasion de discuter avec le bel inconnu aux cheveux blonds. De l'autre, je crois préférable de garder un minimum de distance. Avant que j'aie pu me décider, le joueur de tours sort de la piscine et se dirige vers nous.

—Il est vraiment trop *hot* ! me souffle mon amie qui ne le lâche pas des yeux.

—N'oublie pas de respirer, Kim ! lui suggéré-je à la blague.

Comme Sébastien approche, je le mets en garde :

—Il est interdit de faire des bombes dans le spa !

—Qu'est-ce que tu t'imagines ? Ce n'était pas mon intention ! Je voulais seulement vous inviter à jouer une partie de ballon dans la piscine.

—Alors, qu'est-ce que t'en dis ? me questionne Kim.

J'apprécie que mon amie me demande mon avis. Je suis persuadée qu'elle meurt d'envie d'accepter l'invitation de Sébastien. Et si je refuse, j'ai bien peur d'en entendre parler pendant le restant de l'année scolaire.

— OK ! Allons-y. Mais JE fais les règles ! Interdiction d'arroser, de caler ou de pousser quelqu'un à l'eau.

— Rien que ça ? plaisante Sébastien.

— Ce sont mes conditions et elles sont non négociables !

— Tout ce que tu veux, Maélie ! s'exclame Sébastien. Tu viens aussi, Kim ?

— Tu connais nos noms ? s'étonne mon amie.

— Tristan nous a dit tout ce qu'on voulait savoir sur vous deux...

— Quoi ? !

Mon frère n'aurait pas fait une chose pareille ! Je serre les dents et me retiens de sauter dans la piscine pour lui tordre le cou ! Qu'est-ce que Tristan a bien pu raconter sur nous ? Je devrai me souvenir de lui dire deux mots concernant la vie privée des gens...

— Hé, Nick, attrape ! l'interpelle Tristan.

Au moins, je connais maintenant le nom du beau blond !

— On fait une partie de basketball aquatique ? demande Nick en pointant les paniers disposés aux deux extrémités de la piscine.

— Pourquoi pas ?

— Les gars contre les filles ! nous défie Tristan.

Je saute dans la piscine. À comparer à l'eau du spa, celle-ci est glacée ! Je m'empare du ballon qui flotte devant Nick, puis je tente de repérer Kim. Elle vient tout juste de plonger dans la partie profonde. À deux contre trois, on a peu de chances de garder le ballon bien longtemps. En effet, Sébastien s'élance vers Kim alors que Nick se dirige dans ma direction. Pour m'empêcher de faire une passe à mon amie, il lève les bras et s'approche de moi en marchant, puisqu'on est dans la partie peu profonde. Ça me permet de constater qu'il me dépasse d'une tête. Il doit faire au moins 1,80 m ! Même s'il n'y a aucun contact entre son corps et le mien, il est si près de moi que je sens une bouffée de chaleur envahir mes joues. Oh non ! Ce n'est pas le moment d'avoir les joues aussi rouges qu'une tomate bien mûre ! Il va se rendre compte qu'il est trop mon genre… Argh !

Je feinte à droite puis je lance le ballon à ma partenaire sans que Nick parvienne à bloquer mon coup.

— Bien joué ! déclare-t-il en restant près de moi.

Tandis que Kim se chamaille avec Sébastien pour savoir qui des deux réussira à récupérer le ballon en premier, Tristan fonce également vers eux. Nick en profite pour s'excuser.

— Je suis désolé pour tout à l'heure. Sébastien n'a pas réfléchi avant d'agir. Il est plutôt impulsif et parfois, ce n'est pas vraiment reposant.

— C'est ce que j'ai constaté... C'est ton frère ?

— Non, mon cousin.

— Hé ! Vous jouez ou non ? insiste Sébastien qui a récupéré le ballon.

Il l'envoie à Tristan.

Maintenant que mon frère s'éloigne avec l'objet tant convoité, je m'élance derrière lui. Avant que j'aie mis la main dessus, il fait une passe à Sébastien qui se hisse hors de l'eau. Le ballon sous le bras, il échappe de peu à Kim.

— Hé ! Tu n'as pas le droit de sortir de la piscine ! s'écrie mon amie qui s'élance à ses trousses.

— Ce n'était pas dans les règles ! rigole Sébastien en courant, Kim sur ses talons.

Ma partenaire est à deux doigts de le rattraper lorsqu'il passe le ballon à Nick en sautant à l'eau. Juste comme Kim s'apprête à sauter à son tour dans la piscine, son pied glisse sur le carrelage mouillé. Elle tente de reprendre son équilibre, mais c'est peine perdue. Elle fait un pas de côté et s'étale de tout son long sur le sol.

— AÏE !

— KIM ! crié-je.

En moins de cinq secondes, nous sommes tous auprès d'elle. Mon amie a les larmes aux yeux et elle tient sa cheville gauche à deux mains. Ça semble faire terriblement mal. Ses parents, qui ont assisté à la scène, s'approchent pour l'examiner. Sa cheville enfle à vue d'œil !

— Oh non ! La compétition ! Comment je vais faire pour danser ?

— Ça semble plutôt sérieux, observe Sébastien.

— Je vais chercher de la glace ! proposé-je en me dirigeant vers la sortie après avoir récupéré ma serviette, mes sandales et la carte de l'hôtel.

Avant que j'aie atteint la porte, Nick me rejoint.

— Je t'accompagne…

# 4
# Cours de cuisine

J'entraîne Nick vers les ascenseurs. Je me souviens qu'il y a une machine à glace à proximité.

— Ce n'est pas de chance ! se désole Nick qui marche d'un bon pas à mes côtés. La compétition est dans deux jours…

J'arrête net et me tourne vers lui. Comment peut-il savoir pour le *feis* de Noël ?

— C'est mon frère qui t'en a parlé ?

— Non, j'ai fait le lien lorsque Kim a parlé de la compétition qu'elle risque de manquer. C'est peu probable qu'il y ait plusieurs compés de danse ce week-end à Ottawa.

— Tu suis des cours de danse irlandaise ?

— Oui, je crois que j'ai appris à danser avant même de savoir marcher !

Quoi ?! C'est trop fort ! Je n'arrive pas à croire qu'on partage la même passion... C'est sûrement mon jour de chance !

— C'est vrai ? Tu dois être vraiment bon, alors ! Tu participes à la compétition, toi aussi ?

— Pas cette fois. Sébastien est inscrit, par contre.

— Ah !

Je comprends maintenant pourquoi Kim avait l'impression de l'avoir déjà vu quelque part... Elle l'a probablement croisé lors d'une autre compé.

— Il n'y a pas beaucoup de gars qui choisissent ce style de danse, lui fais-je remarquer.

— Chez nous, c'est quasi héréditaire. Mon père a dansé pendant des années. Il a même fait une tournée mondiale ! Pendant plus d'un an, ma mère et moi avons accompagné la troupe de danse de ville en ville.

— Wow ! Ça devait être super de rencontrer tous ces grands danseurs ! J'aimerais bien que tu me racontes ce voyage, un de ces jours.

Est-ce que je me fais des idées ou bien Nick semble heureux de cette suggestion ? À retardement, je me rends compte que cette proposition pourrait lui faire croire que j'aimerais le revoir... C'est tout à fait le cas, sauf que j'aurais préféré qu'il n'en sache rien. Malaise. Ce n'est pas dans mes habitudes d'être aussi entreprenante !

— Kim ! m'exclamé-je au souvenir de mon amie souffrante sur le bord de la piscine. Elle doit sûrement se demander pourquoi c'est si long de lui apporter de la glace !

Comment ai-je pu oublier que ma meilleure amie a besoin de moi là, tout de suite ? Ce garçon me fait vraiment trop d'effet. Je m'apprête à foncer vers la machine à glace, mais Nick me prend la main et me fait signe de le suivre dans l'autre direction. Je suis si surprise que je n'ose plus faire le moindre geste. On dirait que mes pieds sont coulés dans le béton. Le contact de ses doigts sur les miens fait accélérer les battements de mon cœur, mais je n'ai pas le temps de m'y attarder.

— La glace est juste là ! lui indiqué-je en désignant du doigt la distributrice. Kim nous attend, on doit faire vite !

— J'ai une meilleure idée. Viens, suis-moi.

Nick n'a pas lâché ma main… à mon plus grand plaisir ! Il m'entraîne vers la salle à manger. À cette heure, l'endroit est désert. Heureusement, puisque je n'ai pas eu le temps de m'habiller. Une simple serviette de plage est enroulée autour de mon corps.

— Qu'est-ce qu'on fait ici ? lui demandé-je, de plus en plus intriguée. Ce n'est pas le temps de manger, mon amie a besoin de nous !

— Fais-moi confiance, ce ne sera pas long. Bonjour ! fait Nick en poussant les portes battantes donnant accès à la cuisine.

Personne ne répond. Les cuisiniers semblent absents. Ce n'est pas surprenant puisqu'il est encore un peu tôt pour la préparation du souper. Au lieu de faire demi-tour, Nick se dirige vers le réfrigérateur pratiquement comme s'il était chez lui.

— Et maintenant, tu m'expliques ? insisté-je.

Il déniche enfin ce qu'il cherche et referme la porte du frigo.

— J'ai besoin d'un bol et d'un peu de sel.

Comme j'espère sortir de cette cuisine au plus vite, je l'aide. J'ouvre plusieurs armoires et tombe enfin sur des bols à mélanger empilés les uns dans les autres.

— Et si on se fait prendre ? demandé-je, inquiète.

— Ça va, Maélie. Si quelqu'un se pointe, je lui expliquerai qu'il s'agit d'une situation d'urgence.

Nick saisit le récipient que je lui tends et casse un des œufs qu'il a récupérés dans le frigo.

— Des crêpes ? Une omelette ? Des œufs brouillés ?... tenté-je en le regardant.

— Non, rien de tout ça. Juste un vieux remède de grand-mère.

— T'es sérieux ?

Il prend soin de récupérer seulement le blanc des œufs. Il ajoute ensuite l'équivalent d'une cuillérée à thé de sel et brasse la mixture avec un fouet jusqu'à ce qu'il obtienne un mélange très mousseux.

— Pendant la tournée, plusieurs danseurs se sont blessés à la cheville. Et ça, explique-t-il en désignant le mélange d'œufs et de sel, c'est un truc qui fait des miracles !

— J'espère que Kim n'aura pas à ingurgiter ce machin gluant, dis-je d'un air dégoûté.

— Non… Il suffit de tremper quelques essuie-tout dans le mélange avant de les déposer sur sa cheville et de faire tenir le tout avec une pellicule plastique et un bandage. En moins de 24 heures, sa cheville ira beaucoup mieux, je te le garantis !

— Super ! lancé-je.

J'essaie d'avoir l'air convaincue de l'efficacité de ce remède maison, quoique j'aie de la difficulté à croire que ce mélange culinaire puisse réellement améliorer la condition de mon amie.

Nick m'entraîne vers la sortie avec le bol contenant la préparation. Il jette un coup d'œil discret hors des cuisines avant de pousser les portes.

— Viens, le chemin est libre.

Nous nous précipitons vers la piscine pour rejoindre Kim. Nick paraît confiant. Je tente donc d'oublier mes doutes et je croise les doigts pour que mon amie soit rétablie à temps pour le *feis* de Noël.

# 5
# Rêve celtique

Assise dans une confortable causeuse de style moderne du hall d'entrée, je laisse les flammes du foyer me réchauffer. Kim doit venir me rejoindre ici. Nous avons prévu souper ensemble ce soir. Même si mon amie devrait déjà être arrivée depuis au moins dix minutes, son retard ne me surprend pas vraiment. La ponctualité ne fait pas partie de ses priorités. Avec sa cheville blessée en plus, aucune chance qu'elle se pointe à l'heure !

Sachant que j'aurais probablement à l'attendre, j'ai apporté mon cahier à dessin et je tue le temps en griffonnant. J'ai toujours aimé dessiner. Depuis quelques années, j'ai une prédilection pour le design de robes de danse irlandaise. J'aime imaginer toutes sortes de modèles. Le cahier que j'ai en main doit bien contenir une trentaine de robes de couleurs et de styles différents.

— Allo, Maélie ! me salue une voix masculine.

Je me retourne et aperçois Nick près de moi. Mon cœur fait un tour sur lui-même tandis que j'essaie d'afficher un air calme. Je ne l'avais vu qu'en maillot de bain jusqu'à présent. Un jeans et une chemise blanche ouverte sur un t-shirt foncé lui donnent un style décontracté. Je remarque aussi qu'il a pris la peine de mettre du gel dans ses cheveux pour obtenir un look décoiffé. Il est vraiment mignon !

— Tu dessines ? dit-il en montrant mes croquis du menton. Wow ! Tu as beaucoup de talent !

— Merci !

— C'est toi qui as dessiné ta robe de compétition ?

— Non… Mais j'aimerais bien que la prochaine soit une de mes créations, avoué-je en refermant mon cahier et en rangeant mes crayons de couleur dans mon étui.

— Tu es seule ?

— J'attends Kim. Ma mère a réservé une table à la salle à manger pour 18 h.

— Et Tristan ?

— Ça doit bien faire une heure qu'il profite de la salle de jeux.

Une table de billard, un jeu de *babyfoot* et un écran géant attirent chaque soir tous les jeunes de l'hôtel.

— Ça doit être là que se cache mon cousin. Quand je suis sorti de la douche, il n'était plus dans la chambre... Je peux ? demande-t-il en pointant la place libre à mes côtés.

— Bien sûr !

Je suis surprise et heureuse qu'il préfère discuter avec moi plutôt que de rejoindre les gars à la salle de jeux.

— Alors, Maélie, où habites-tu ?

— Je demeure à Lévis ; c'est tout près de Québec.

— C'est vrai ? Sébastien et moi on reste à Val-Bélair !

C'est incroyable ! On vit à moins de 30 kilomètres l'un de l'autre !

— Il n'y a pas beaucoup d'écoles de danse irlandaise à Québec, commenté-je. Qui est ton prof ?

— Mon père.

— Il a sa propre école ?

— On peut dire ça... Il y a des années, il a transformé le sous-sol de notre maison en salle de danse. Le plancher est en contreplaqué et deux des murs sont couverts de miroirs.

— Et il a beaucoup d'élèves ?

— Seulement deux : Sébastien et moi.

— Wow ! C'est presque des cours particuliers ! T'en as de la chance. Moi, si je veux répéter à la maison, je dois aller dans le garage. Ma mère ne veut surtout pas que j'égratigne son beau plancher de bois franc avec mes souliers durs !

Nick me trouve drôle.

— Tu peux m'appeler Maé, si tu veux. Et toi, ton vrai nom, c'est Nicolas ?

— Non, Nick est le diminutif de Nicomède...

Devant mon air ébahi, mon nouvel ami éclate de rire. Bravo, championne ! Tu viens de te faire avoir !

— Mon vrai nom est Nick, tout simplement. Il y a longtemps que tu danses, Maé ?

— Oui, ça fait huit ans !

— La danse irlandaise n'est pas très répandue au Québec. Pourquoi l'as-tu choisie ? Est-ce que tu as voulu suivre les traces de tes parents, comme moi ? Ou est-ce que ta famille a des origines irlandaises ?

— Rien de tout ça ! Ma mère et mon père sont des Québécois pure laine et ils n'ont aucun talent pour la danse, je t'assure. Je dirais même qu'ils ont deux pieds gauches ! Non, ce qui m'a donné le goût de faire de la danse irlandaise, c'est un spectacle que j'ai vu par hasard à la télévision quand j'avais six ans. Une vingtaine de danseurs se tenaient en ligne à l'avant d'une scène. Et ils s'exécutaient tous en même temps. Je ne pouvais plus détacher mes yeux de l'écran. Ils étaient tellement bons !

Je n'avais jamais vu une chose pareille. J'étais vraiment impressionnée. Le son produit par les souliers qui frappent le sol m'a complètement envoûtée ! Je voulais apprendre à danser comme ça. C'est sans compter que les filles avaient des costumes magnifiques ! J'ai supplié ma mère pendant des semaines pour qu'elle cherche une école où je pourrais apprendre ce style de danse. Elle a voulu m'inscrire à un cours de ballet, mais il n'en était pas question. C'était la danse irlandaise ou rien !

— Tu es déterminée, à ce que je vois !

— On pourrait dire ça. Mon frère dirait plutôt que j'ai une tête de cochon !

Nick pouffe de rire à nouveau.

— Alors, Maé, où ta mère t'a inscrite finalement ?

— À l'école de danse Triskel.

— C'est madame Lessard qui t'enseigne ? C'est une excellente danseuse !

— Tu la connais ?

Je suis surprise. Ma prof doit avoir plus de 60 ans, elle n'est certainement pas une de ses amies.

— Madame Lessard a enseigné à mon père pendant des années. Il a commencé sa formation chez Triskel, jusqu'à ce qu'il soit assez avancé pour suivre un cours lui permettant d'être accrédité et de former ses propres élèves. Même après qu'il a quitté Triskel, ils sont restés en contact tous les deux. C'est pourquoi j'ai eu l'occasion de rencontrer madame Lessard à plusieurs reprises. C'est grâce à elle que mon père a eu la chance de faire la tournée mondiale dont je t'ai parlé.

— Ton père doit avoir beaucoup de talent. Quel était le nom de la troupe ?

— Rêve celtique. Ce sont des danseurs québécois, tu les connais peut-être ?

— T'es pas sérieux ?! Ce sont eux que j'ai vus danser à la télévision quand j'avais six ans ! C'est grâce à Rêve celtique que je fais de la danse irlandaise ! Depuis que je suis toute petite, j'espère être assez bonne pour faire partie de cette troupe un jour. Et toi, tu as rencontré ces danseurs, et ta famille a pu suivre ces professionnels pendant plus d'un an ? J'arrive pas à y croire !

— J'ai eu beaucoup de chance de vivre une expérience comme celle-là.

— Quel est ton plus beau souvenir de tournée ? lui demandé-je.

— Ouf ! La liste est longue... J'ai visité tellement d'endroits différents !

Si ce n'était que de moi, je pourrais l'écouter en parler toute la nuit !

— Par où commencer ?... J'ai adoré ma visite au Musée d'histoire naturelle de Londres : il y a tellement de choses à voir, dont une baleine bleue grandeur nature ! Je me rappelle aussi une chasse au trésor dans la tour Eiffel. On s'était beaucoup amusés !

—J'en doute même pas !

—À part ça, j'ai passé une journée complète à l'École de trapèze de New York, j'ai visité le zoo de Singapour...

—Tu as presque fait le tour du monde ! C'est impressionnant !

—Oh non ! Il me reste bien des endroits à découvrir. Cette tournée m'a tout de même permis de visiter Paris, Londres, Amsterdam, Las Vegas, Los Angeles, et même Tokyo !

—Wow ! C'est complètement fou ! Quand as-tu fait cette tournée ?

—Il y a cinq ans. J'avais dix ans à ce moment-là.

—Étais-tu le seul enfant à faire partie du voyage ? As-tu des frères ou des sœurs ?

—Non, je suis enfant unique. Nous étions quatre jeunes à suivre la tournée. On nous appelait les quatre inséparables ! On passait tout notre temps ensemble. Nous avions une gouvernante, madame Agathe. Elle s'occupait de nous enseigner le programme scolaire, d'organiser les sorties de groupe et de planifier nos cours de danse. En fait, elle tentait de nous occuper le plus possible pour éviter qu'on dérange les danseurs en répétition ou qu'on fasse des mauvais coups.

— Je n'aurais pas voulu être à sa place, plaisanté-je.

— Moi non plus ! On peut dire que madame Agathe en a vu de toutes les couleurs ! Nous aimions bien la faire fâcher, la pauvre. Lorsque c'était le temps du cours de français, les quatre inséparables allaient plutôt se cacher dans la salle de répétition. Dissimulés derrière les présentoirs de costumes, nous regardions les danseurs répéter pendant des heures, jusqu'à ce qu'ils aient les pieds enflés et les muscles endoloris. Je me souviens que certains matins, mon père avait de la difficulté à sortir du lit à cause de ses courbatures.

— Tu pouvais assister aux spectacles ?

— Oui, des sièges étaient réservés aux familles des danseurs. Même si c'était pareil d'une fois à l'autre et qu'il y avait souvent deux représentations le même soir, je ne voulais manquer aucun spectacle. Je m'imaginais déjà être le danseur vedette de Rêve celtique !

— Est-ce que toi et tes amis avez eu la chance d'obtenir un petit rôle sur scène ?

— J'aurais bien aimé, seulement ce n'était pas possible. Par contre, les danseurs nous invitaient souvent à répéter avec eux. J'ai pu profiter des conseils des meilleurs ! Vivre avec un groupe de danseurs donne le goût de se perfectionner. J'avais la chance de discuter chaque jour avec des passionnés de danse. C'est cette tournée qui m'a donné le goût d'en faire mon métier plus tard. Ça va peut-être paraître prétentieux, mais je rêve encore, comme quand j'avais dix ans, d'être un jour le danseur vedette de Rêve celtique et de partir en tournée avec la troupe.

— Je te le souhaite ! Si tu travailles fort, rien n'est impossible ! Enfin, c'est ce que ma mère me répète toujours pour que j'obtienne au moins 70 % de moyenne en français !

Ma remarque fait rire Nick, et je me fais la réflexion que c'est vraiment incroyable qu'on ait le même rêve tous les deux. Je me suis visualisée en danseuse étoile de Rêve celtique des milliers de fois depuis que j'ai vu cette troupe danser à la télé. Évidemment, avant d'atteindre ce niveau, j'ai encore des croûtes à manger, comme dirait mon père !

— Nick, est-ce que ta mère est aussi danseuse professionnelle ?

— Non. Elle est propriétaire d'un restaurant qu'elle a acheté au retour de cette tournée. Ses fins de semaine sont maintenant très occupées. C'est pourquoi elle ne pouvait nous accompagner pour cette compé. Et ton père, il n'est pas ici ?

— Non. Mon père est pilote d'avion et il travaille ce week-end.

— Wow ! C'est cool !

— Bof, pas tant que ça.

— Pourquoi tu dis ça ? Ça semble génial comme métier. Ça lui permet de visiter tout plein d'endroits différents dans le monde. Ton père a vraiment de la chance !

Pour éviter que Nick ne voie les larmes qui s'accrochent aux coins de mes yeux, je détourne la tête et observe les flammes qui dansent dans le foyer devant moi. J'essaie de penser à autre chose.

— Ça va, Maélie ?

Grrr... Nick a remarqué mon air triste. Parfois, j'aimerais bien être capable de cacher mes émotions. Je n'ose pas lui répondre de peur de fondre en larmes.

— C'est moi qui...

Nick a l'air inquiet. Il croit probablement qu'il est responsable de mon changement d'humeur alors que ça n'a rien à voir avec lui. Je dois le rassurer. Je prends une grande inspiration pour éviter que ma voix ne tremblote et je réponds, en essuyant une larme qui a glissé sur ma joue :

— Non ! Ce n'est pas de ta faute. Depuis qu'il a décroché cet emploi de pilote d'avion, je vois mon père de moins en moins souvent. J'aurais seulement aimé qu'il passe ce week-end avec nous, comme il avait l'habitude de le faire par les années passées...

— Je suis vraiment con ! lâche Nick.

Je me tourne vers lui.

— Non, voyons...

— J'aurais dû éviter le sujet. Je ne voulais pas te rendre triste.

— C'est moi qui ai d'abord posé une question sur ta mère. Il ne faut pas t'en vouloir pour ça...

— Allo, les cocos ! nous salue joyeusement Kim.

Mon amie arrive pile pour me changer les idées.

— Kim ! Te voilà enfin ! Je pensais que tu étais passée par le trou de la douche !

— Tu essaieras de te laver avec un pied enveloppé dans un sac de plastique ! Ce n'est pas évident ! Je crois qu'il serait plus facile de se faire engager dans la troupe Rêve celtique !

Nick et moi éclatons de rire.

— Quoi ? Qu'est-ce que j'ai dit de si drôle ?

# 6

# *Une gaffe énorme*

— Alors, comment se porte ta cheville ? demande Nick.

— Je crois que ta mixture fait effet ! L'enflure a diminué et je n'ai presque plus de douleur. Le seul problème, c'est que j'ai l'impression de sentir les œufs pourris à plein nez ! Qu'est-ce que ce sera quand j'enlèverai le bandage demain matin…

— Ce remède de grand-mère a l'air efficace, constaté-je. J'avoue que j'avais quelques doutes…

Tristan et Sébastien viennent nous rejoindre à ce moment.

— On mange tous ensemble ? suggère ce dernier.

À voir le sourire de mon amie, elle est ravie de cette proposition.

— Bonne idée ! Je m'occupe de tout ! Ce ne sera pas long, je reviens tout de suite ! dis-je à mes amis en me dirigeant vers le bar attenant à la salle à manger où ma mère et les parents de Kim prennent un verre ensemble avant le repas.

Je les informe que nos nouveaux amis aimeraient se joindre à nous.

— Tu parles de ces beaux jeunes hommes, là-bas ? demande ma mère en les pointant du doigt.

— Maman, tu peux être un peu plus discrète, s'il te plaît ?

— S'ils veulent souper avec ma fille, je dois d'abord leur poser quelques questions pour voir si ce sont de bons garçons. Tu peux leur demander de venir me voir ?

— J'espère que c'est une blague ?

Ma mère hésite un instant, puis elle éclate de rire. Les parents de Kim en font autant.

— Ha ! Ha ! C'est vraiment très drôle, m'offusqué-je en me rendant compte que je me suis encore fait avoir.

Ma mère suggère spontanément aux parents de Kim d'attendre qu'une nouvelle table se libère pour eux trois.

— Comme ça, vous n'aurez pas vos parents dans les pattes pour discuter avec vos nouveaux amis, plaisante ma mère en me faisant un clin d'œil.

Est-ce qu'elle a senti que l'un d'eux me plaît ? Avant de me mettre à rougir, je m'empresse de la remercier et je vais rejoindre Kim, Sébastien, Nick et Tristan. Je les informe qu'une table nous attend – une table juste pour nous. Tout le monde est ravi de cet arrangement. Nous nous dirigeons donc vers la salle à manger.

— Hé, Maé, ce n'est pas ta prof de danse, là-bas ? lance Tristan.

Je jette un coup d'œil dans la direction qu'il indique. En discussion avec un homme, une femme nous fait dos. Elle a les cheveux courts et un bandeau orangé retient ses boucles châtain clair. Oui... ça lui ressemble, en effet. Soudain, elle éclate de rire. Il n'y a plus aucun doute, c'est bien madame Lessard. Je ne connais personne d'autre qui ait un rire aussi communicatif !

— T'as raison, Tristan, c'est bien elle ! Je ne savais pas qu'elle devait arriver à l'hôtel aujourd'hui.

Kim et moi nous précipitons pour la saluer. Est-ce que cet homme qui discute avec elle serait sa dernière conquête ? Madame Lessard vit seule depuis des années. Son mari est décédé il y a très longtemps et elle n'a jamais rencontré personne pour le remplacer. En fait, les hommes ne restent jamais bien longtemps dans sa vie. Ils la trouvent peut-être un peu trop excentrique... Peu de femmes de soixante ans peuvent se vanter de porter avec élégance des leggings et des chandails bedaine !

Toutes les danseuses envient sa garde-robe ! Il faut bien admettre qu'elle ne fait vraiment pas son âge. L'exercice et son alimentation « granola » ont sûrement contribué à ce qu'elle conserve une ligne aussi parfaite !

J'ai entendu dire qu'elle avait rencontré un homme il y a quelques semaines en faisant son épicerie. Elle en a glissé un mot à quelques élèves au cours de danse. J'étais bien heureuse de l'apprendre ; peut-être a-t-elle enfin trouvé le grand amour ? En fait, elle espère toujours dénicher la perle rare jusqu'à ce qu'elle se rende compte, après quelques semaines de fréquentation, que sa nouvelle flamme n'est pas l'homme de ses rêves.

En tout cas, celui avec qui elle est assise doit avoir au moins 20 ans de différence avec elle. Ce n'est pas dans les habitudes de madame Lessard de les choisir aussi jeunes !

Nick, Sébastien et Tristan viennent nous rejoindre.

— Bonjour, madame Lessard ! Je ne savais pas que vous deviez arriver aussi tôt. La compétition est seulement dans deux jours !

— Bonjour, les filles ! Je suis contente de vous voir. J'ai décidé de prendre des petites vacances et je voulais à tout prix voir Hugo... Venez que je vous présente, dit-elle en se levant avec difficulté et en nous prenant par la taille.

Madame Lessard fait des entorses lombaires à répétition, ce qui signifie qu'elle est parfois incapable de nous enseigner à cause de ses douleurs au bas du dos. Il y a quelque temps, elle a dû annuler les cours pendant une semaine complète ! La dernière fois que je l'ai vue, elle paraissait en pleine forme, mais aujourd'hui, ce ne semble pas être le cas.

— Hugo, voici Maélie Laframboise et Kim Rodriguez, deux danseuses qui ont beaucoup de talent. Elles travaillent très fort chaque semaine et je suis bien fière d'elles. Je peux affirmer qu'elles ont la même passion que toi lorsque tu avais leur âge ! Les filles, je vous présente Hugo Levasseur. C'est un de mes anciens élèves.

Oh ! Il ne s'agit donc pas de cet homme qu'elle a rencontré à l'épicerie…

— Bonjour, Hugo ! le salué-je en lui serrant la main. Laissez-moi vous présenter les garçons qui nous accompagnent : voici Sébastien, Nick et mon petit frère Tristan.

— Nick ! me coupe madame Lessard. Un peu plus et je ne te reconnaissais pas ! Viens un peu ici que je t'embrasse ! C'est fou comme tu as grandi ! lance madame Lessard en lui déposant un bec sur chaque joue.

— Bonjour, madame Lessard, vous allez bien ?

— Ça va, ça va...

— Oh ! C'est vrai ! Vous vous connaissez déjà tous les deux ! dis-je, me rappelant ce qu'il m'a raconté à ce sujet.

Nick a déjà rencontré madame Lessard à plusieurs reprises puisqu'elle est une amie de son père.

— En fait, Maélie, je connais aussi ce monsieur..., me confie Nick.

— C'est vrai ?

Je regarde Hugo et Nick à tour de rôle en essayant de découvrir s'il fait une farce ou non.

— Ce jeune homme a raison, me confirme Hugo. Je le connais bien. Je pourrais même affirmer que je le connais très bien ! En fait... c'est mon fils !

Kim et Tristan éclatent de rire derrière moi. Je me rends soudain compte du ridicule de la situation. Je viens de présenter Nick à son propre père ! C'est vraiment trop embarrassant ! Je sens mes joues prendre une teinte qui ne me plaît pas du tout.

— Moi aussi, je le connais bien ! en rajoute Sébastien qui a lui aussi le sourire fendu jusqu'aux oreilles.

— C'est ton oncle, si j'ai bien compris ?

— T'es une petite vite ! réplique Sébastien d'un ton ironique.

— Très drôle...

Maintenant que je sais qu'ils sont père et fils, la ressemblance devient évidente : les cheveux blonds, les yeux bleus, et ce même sourire sympathique...

— Les filles, Hugo est l'un des plus grands danseurs que je connaisse, ajoute madame Lessard, visiblement fière de lui.

— Bof ! Hugo ne fait même pas deux mètres... C'est pas si grand que ça ! intervient Sébastien pour rigoler. Sans blague, les filles, madame Lessard a raison. Mon oncle danse comme un dieu ! Il est vraiment *hot* et j'ai la chance de l'avoir comme entraîneur !

Le prof de danse semble flatté par les propos de son neveu tandis que madame Lessard est amusée par la remarque de Sébastien.

— Est-ce que vous dansez toujours, Hugo ? le questionne Kim.

— Pas de façon professionnelle. J'adore partager ma passion avec les jeunes, mais j'ai aussi un métier. Je suis physiothérapeute.

Tout à coup, notre prof aperçoit le bandage autour de la cheville de mon amie.

— Tu es blessée, Kim ? s'étonne-t-elle.

Mon amie lui explique ce qui s'est passé à la piscine et lui parle du traitement à base d'œufs que Nick lui a concocté.

— Hugo, tu pourrais jeter un coup d'œil à cette blessure avant la compétition ? demande madame Lessard.

— Bien sûr ! Kim, je te suggère de garder ce bandage jusqu'à demain, puis je ferai une évaluation de ta cheville en matinée.

Madame Lessard paraît soulagée qu'il prenne la situation en main.

— Nous avions prévu une répétition à 9 heures. Vous croyez que je pourrai danser ? s'inquiète mon amie.

— Je préfère attendre demain pour me prononcer. Si tu n'as plus de douleur et que l'inflammation a disparu, tu pourras danser, quoiqu'il serait sage que tu portes un bandage adhésif. Je pourrai également te montrer quelques étirements pour bien échauffer ta cheville avant l'entraînement et éviter une nouvelle blessure.

Madame Lessard prend en note l'endroit où nous avons prévu répéter et nous informe qu'elle viendra faire un tour avec Hugo pour vérifier la condition de Kim. Nous les laissons en tête à tête, puis nous nous dirigeons vers notre table.

Avant de suivre les autres, je retiens mon frère un instant. Je dois à tout prix lui dire deux mots…

— Si tu veux souper avec nous, tu dois me promettre une chose. Interdiction de révéler quoi que ce soit sur moi ou Kim sans notre permission.

— Relaxe, Maé ! À la piscine, Seb voulait seulement savoir vos noms. Je ne croyais pas que c'était un secret d'État !

— Alors, tu promets ou non ?

— OK... Je ne dirai pas un mot sur la fois où tu as été somnambule et que tu as fait pipi dans la poubelle de la cuisine en pleine nuit ! Ou encore la fois où...

— Tristan !

Je plaque ma main sur sa bouche en priant pour que Nick n'ait pas entendu notre conversation. Je fais les gros yeux à mon frère qui pouffe de rire.

— Si tu ne tiens pas cette promesse, je vais dévoiler à maman que c'est toi qui as cassé le bol en cristal qu'elle aimait tant, chuchoté-je avant de relâcher ma prise sur lui.

Tristan ouvre grand les yeux. Il est consterné. Je ne lui avais encore jamais révélé que j'étais dans le corridor près de la cuisine lorsque son ballon de soccer a percuté le cadeau de mariage préféré de maman. Puisque ma mère lui a interdit de jouer avec son ballon dans la maison, il n'a pas intérêt à ce qu'elle apprenne que ce n'est pas un coup de vent qui a fait tomber son précieux bol. Je savais que cette information me serait utile un de ces jours…

Maintenant qu'il y a entente entre nous, Tristan et moi allons rejoindre les autres qui se sont installés autour d'une table ronde. Je me précipite sur la chaise libre près de Nick avant que mon frère ne prenne la place. Finalement, ce dernier se retrouve au côté de Sébastien, ce qui semble faire son affaire puisqu'il lui demande :

— T'as apporté ton iPod ?

— Comme promis ! annonce Sébastien en sortant l'objet de sa poche arrière.

— Trop cool ! se réjouit Tristan.

Sébastien et mon frère entreprennent une partie de ping-pong virtuel.

Les deux garçons doivent bien avoir quatre ou cinq ans de différence, mais on dirait que ce sont déjà les deux meilleurs amis du monde ! Sébastien a l'air d'un vrai gamin. Ce doit être pour ça qu'ils s'entendent si bien tous les deux. Par contre, ça ne fait pas l'affaire de Kim, qui aurait sûrement aimé discuter un peu avec le beau brun.

Le serveur vient emplir nos verres d'eau et prendre notre commande. À l'unanimité, nous choisissons le buffet plutôt qu'un repas à la carte. Je propose à Kim de jouer les serveuses.

— Reste assise, tu dois mettre le moins de poids possible sur ta cheville. Je vais m'occuper de toi.

— Merci, Maé. J'ai vraiment faim !

— Tu commences par un potage ?

— Bonne idée !

Le buffet est disposé dans un coin de la pièce. Trois soupes sont offertes : une crème de tomates, un potage aux légumes et une crème de champignons. Beurk ! Cette dernière n'a vraiment pas l'air appétissante !

Je prends une crème de tomates pour moi et une soupe aux légumes pour Kim. Je connais les goûts de mon amie et je suis sûre que c'est ce qu'elle aurait choisi. Ouch ! C'est chaud ! Je dépose les bols sur des soucoupes pour éviter de me brûler les doigts. Puis, je retourne à notre table en marchant très lentement. Je passe derrière Hugo. Madame Lessard semble perdue dans ses pensées. Le regard rivé sur son potage, elle laisse tomber :

— Tu sais, ça me fait bien de la peine de devoir laisser mes élèves, seulement je dois trouver un remplaçant au plus vite.

Je m'arrête, figée par ce que je viens d'entendre. Ma prof de danse cherche un remplaçant ? A-t-elle l'intention de partir en vacances pour quelques semaines ou pense-t-elle prendre sa retraite ? Comme j'espère en entendre davantage, je tends l'oreille. Au même instant, un homme à la table voisine recule sa chaise et me bouscule. Oh non ! Le bol de crème de tomates que je tiens à la main bascule sur la soucoupe et la moitié du liquide orangé se déverse sur Hugo.

—Hé ! lance-t-il en se levant précipitamment de sa chaise.

—Oh mon Dieu ! C'est pas vrai ! m'exclamé-je à mon tour.

Le père de Nick a de la soupe partout dans les cheveux et sur sa chemise hawaïenne ! Bravo, championne ! Je vais mourir de honte !

—Je suis vraiment désolé, mademoiselle. Je ne vous avais pas vue ! se justifie l'homme bedonnant qui m'a accrochée.

Tandis qu'il ne cesse de répéter qu'il regrette ce qui vient de se passer, je suis occupée à faire la même chose avec le père de Nick.

—Je m'excuse ! Je ne voulais pas... Est-ce que je peux faire quelque chose ?

—Ça va... ça va..., répète Hugo qui m'écoute d'une oreille distraite en nettoyant sa chemise tant bien que mal pendant que madame Lessard l'assure que je n'y suis pour rien.

—Maé ! Mais qu'est-ce qui se passe ? demande ma mère qui arrive au pas de course.

Elle s'est rendu compte qu'un incident était survenu dans la salle à manger et que j'étais impliquée dans cette histoire.

Je suis mortifiée, figée comme une statue en pierre avec les deux bols de soupe dans les mains. J'ai de la difficulté à croire que j'ai pu créer un tel désordre. C'est la cacophonie totale ! Tout le monde parle en même temps ! Madame Lessard explique à ma mère qu'il s'agit d'un malencontreux incident. L'homme bedonnant tente de se faire pardonner auprès d'Hugo qui ne cesse de lui répéter que tout va bien. Ma mère éponge les cheveux d'Hugo avec des serviettes en papier qu'un serveur lui tend.

À quelques tables de là, Sébastien et Tristan sont crampés de rire. Nick et Kim ont aussi l'air de trouver la situation plutôt comique. Moi, je suis embarrassée au max. Mon visage doit bien être de la même couleur que la soupe qui dégouline sur la chemise d'Hugo ! J'aimerais pouvoir me fondre dans les fleurs du tapis. C'est possible, ça ? Si je reste ici plus longtemps, je sens que je vais m'évanouir. Je dépose les bols de soupe à moitié vides sur la table la plus proche, puis je bafouille de nouveau quelques excuses avant de faire demi-tour et de sortir de la salle à manger en courant.

# 7
# En tête à tête

Ça fait quelques minutes à peine que je me suis réfugiée dans ma chambre quand on frappe à la porte. J'hésite à ouvrir. Tout ce dont j'ai envie, c'est de me cacher sous la couette et de disparaître. Les coups reprennent de plus belle.

— Maélie ! Ouvre ! C'est moi !

Je reconnais la voix de Kim. Ouf ! Ce n'est ni Hugo qui veut me chanter des bêtises ni ma mère qui vient me faire la morale. J'ouvre la porte et mon amie entre en poussant un chariot devant elle.

— Qu'est-ce que c'est que ça ?

Je me précipite vers elle pour l'aider.

— Notre repas. Je ne peux tout de même pas te laisser mourir de faim ! Et qu'est-ce que tu fais, cachée dans ta chambre ? Ce qui vient d'arriver était un accident !

— Je le sais bien ! Veux-tu bien me dire pourquoi ça n'arrive qu'à moi, ces choses-là ?

Kim me remet mon cahier de dessin et mes crayons. En me précipitant hors de la salle à manger, j'ai complètement oublié de les récupérer.

— Je crois que tu as une espèce de don pour te mettre dans des situations rocambolesques. Si ça peut te consoler, moi, je t'aime comme ça ! Je ne m'ennuie jamais en ta compagnie ! Tu te souviens de la fois où tu as perdu ton haut de maillot au Village Vacances Valcartier ? Ce n'est qu'en sortant de la glissade que tu t'es rendu compte qu'il te manquait un morceau ! C'était vraiment trop drôle !

— Tu ne vas pas t'y mettre toi aussi ? J'ai bien assez de mon frère pour me rappeler les pires maladresses de ma vie...

Kim éclate de rire avant de reprendre :

— C'est vrai que tu as un certain talent pour te retrouver dans des situations pas possibles... Il y a aussi la fois où...

— C'est correct ! Ça suffit ! J'ai compris le principe. Il n'y a pas pire gaffeuse que moi. Encore une fois, c'était super embarrassant. C'est pour ça que j'ai préféré m'enfuir... Comment va Hugo ? Est-ce qu'il a dû se rendre à l'hôpital ?

— Hein ? Pourquoi serait-il à l'hôpital ?

— Parce que je l'ai ébouillanté, tiens donc !

— Mais non ! Hugo va bien et il ne t'en veut pas du tout. Par contre, sa chemise hawaïenne est bonne pour les poubelles.

— Oh non !

— Tu aurais dû voir ta tête lorsque tu as échappé ta soupe sur lui. C'est dommage que personne n'ait filmé la scène ! rigole mon amie. On aurait pu mettre l'enregistrement sur YouTube ! Je suis certaine qu'on aurait eu un maximum de visionnements !

— Ah ! Ah ! Très drôle ! rétorqué-je, bien que je sois loin de trouver la situation aussi comique qu'elle. Arrête de rire, Kim ! Je me sens vraiment mal ! Si je n'étais pas aussi stressée, je serais peut-être un peu moins maladroite !

— C'est le beau Nick qui te met dans tous tes états ?

— Non !

Je crois que j'ai répondu un peu trop vivement. Kim lève exagérément le sourcil droit.

— Bon, OK. T'as deviné. Nick me plaît beaucoup. Et j'aimerais bien que cette confidence reste entre nous, m'empressé-je de lui préciser.

Elle s'empare de mon cellulaire, qui traîne sur la table de chevet entre les deux lits.

— Hé ! C'est mon téléphone ! Je peux savoir à qui tu écris ?

— Respire par le nez, Maé. Je ne suis pas en train de révéler tes secrets les plus intimes sur Facebook. Je veux seulement rassurer ta mère et lui faire savoir que sa petite fille chérie va bien.

— Au fait, je suis surprise qu'elle ne se soit pas pointée ici après la catastrophe que j'ai provoquée dans la salle à manger. Tu la connais ! Elle s'inquiète toujours trop.

— Tu devrais lui conseiller de consulter un psy, me taquine Kim.

— Ce n'est pas une mauvaise idée. Et si on mangeait avant que ce soit froid ? lui suggéré-je pour changer de sujet.

Je pousse le chariot près de la table de travail et m'installe sur le lit. Mon amie s'assoit sur la chaise de bureau et elle dépose son pied blessé sur le pouf que j'ai placé près d'elle.

Je soulève la cloche qui recouvre mon assiette. Kim a choisi mon plat préféré : de la lasagne ! Elle a même fait un détour par le hall d'entrée pour nous servir deux chocolats chauds. Mmmm !

— Pour te faire oublier toute cette mésaventure, j'ai apporté quelque chose qui va te faire plaisir.

Kim sort de son sac un gros paquet de jujubes.

— Toi, tu sais comment t'y prendre pour me remonter le moral ! Il manque seulement un bon film de filles et ce serait le bonheur total !

Pendant que j'attaque ma lasagne, Kim ouvre son cellulaire.

— J'ai quelque chose à te montrer, me confie mon amie en sélectionnant une photo sur son téléphone. Regarde ! C'est ma nouvelle robe de danse !

— Woooooow ! Elle est super belle !

Puisque nous sommes toujours habillées en vêtement de sport lors de nos classes hebdomadaires et que les tenues de compétition ne sont portées qu'aux *feis*, je n'avais pas encore eu l'occasion de voir sa nouvelle robe.

— Merci ! La photo a été prise lors du dernier essayage.

Les robes de danse irlandaise sont fabriquées en deux sections. La partie du haut doit être ajustée, tandis que la jupe très courte comporte un entoilage qui lui permet de conserver la forme d'un trapèze. Quant aux manches, elles sont suffisamment longues pour dissimuler les coudes qui doivent demeurer bien droits tout au long de la danse.

J'agrandis l'image sur le téléphone portable pour voir chaque détail. La plupart des robes de danse irlandaise sont très belles, mais il faut avouer que celle de Kim est vraiment trop cool. Sur un fond de velours blanc, des broderies vertes s'entrecroisent sur la poitrine et l'abdomen pour former un motif celtique complexe. Le col et la taille sont agrémentés d'un tissu rose vif qui s'agence parfaitement avec le reste.

La jupe lui arrive à mi-cuisse, comme il se doit, pour que le juge puisse bien voir le mouvement des jambes lors de la compétition. La robe est parsemée de paillettes et des pierres de cristal roses ont été collées par centaines afin que la robe soit étincelante sous l'éclairage de scène.

—La couleur est superbe! Je n'aurais jamais pensé mélanger le rose vif et le vert pomme. Tu dois avoir tellement hâte de la porter au *feis* de Noël!

—Il reste à espérer que ma cheville soit guérie d'ici là... Tu prévois toujours t'entraîner demain matin?

—Oui. Si tu vas mieux, ce sera le moment idéal pour tester ta cheville.

Une fois mes pâtes terminées, je replace sur mon assiette la cloche qui a servi à garder mon repas au chaud. Kim, quant à elle, joue dans son spaghetti avec le bout de sa fourchette. Elle semble perdue dans ses pensées. Je sens qu'elle hésite à me poser une question.

— Qu'est-ce qui se passe ?

— Est-ce que tu crois que Sébastien pourrait s'intéresser à une fille comme moi ?

— Pourquoi est-ce que t'en doutes ? T'es super belle avec tes grands yeux noirs à la Chat potté ! Toutes les filles envient tes lèvres pulpeuses et ta tignasse frisée !

— Si les filles dont tu parles avaient à démêler ces milliers de bouclettes chaque matin, crois-moi, elles préféreraient probablement être chauves ! De toute façon, je crois que Sébastien préfère la compagnie de ton frère à la mienne...

— Tu crois qu'il y a une possibilité qu'il soit gai ?

— Voyons donc, où es-tu allée chercher une idée pareille ? s'exclame Kim en éclatant de rire. Sébastien est beaucoup trop macho pour ça ! Tu n'as pas remarqué qu'il a passé l'après-midi à reluquer les filles étendues sur les chaises à la piscine ?

— En tout cas c'est un garçon plutôt sociable. Il a parlé avec la plupart des gens qu'il a croisés.

— Ouais... Et s'il passe beaucoup de temps avec Tristan, c'est qu'il adore les jeux vidéo. Il faudrait peut-être que je demande à ton frère un cours rapide sur les jeux les plus en vogue ces temps-ci...

— Toi, Kim Rodriguez, tu veux vraiment apprendre à jouer à des jeux de guerre ?

J'éclate de rire. Ce n'est tellement pas son genre ! Ce garçon doit vraiment lui faire de l'effet pour qu'elle considère une telle possibilité.

— Tu sais, il y a une passion que vous partagez tous les deux et je crois que tu devrais miser là-dessus pour le connaître davantage.

— Laquelle ?

— La danse ! Et si tu lui suggérais de venir s'entraîner avec nous demain matin ?

— C'est pas bête. Ton idée pourrait fonctionner... Merci, Maé. T'es une super amie !

— Est-ce que je peux te confier quelque chose, moi aussi ?

— Tu sais que tu peux tout me dire.

— Eh bien, Nick n'est pas ma seule source de préoccupation actuellement.

— Quoi ? Il y a un autre garçon qui te plaît ? demande Kim avec surprise.

— Non ! Ce n'est pas ça ! Si je suis aussi stressée, c'est que je dois obtenir de très bons résultats à ce *feis*. Tu sais que je désire plus que tout atteindre le niveau *preliminary*. Et cette compétition est ma dernière chance d'y parvenir cette année. Si je manque mon coup ce week-end, je devrai attendre une année complète avant de pouvoir changer de niveau. Ça veut dire qu'il est possible qu'on ne soit plus dans le même groupe pour toute la prochaine année ! Ce serait la catastrophe !

Dans les cours comme en compétition, les danseurs sont regroupés par niveau. Pour passer au niveau supérieur, le danseur doit absolument obtenir la première place dans chacune des quatre danses présentées. Plusieurs *feis* peuvent être nécessaires pour gagner chacune de ces places. Pour ma part, je suis de niveau *prizewinner* et j'ai terminé première dans deux styles de danse sur quatre, le *reel* et le *slip jig*. Je dois l'emporter en *treble jig* et en *hornpipe* pour parvenir au niveau suivant, celui de *prelim*.

— Arrête de t'inquiéter, Maélie. Madame Lessard est certaine que tu as toutes les chances de réussir. Et je sais que tu n'as jamais été aussi préparée avant une compé. En plus des cours chez Triskel, tu as travaillé des dizaines d'heures dans ton garage chaque semaine ces derniers mois. Tu passes chaque minute de ton temps libre à améliorer ta technique.

— T'as raison, soupiré-je en pensant à mon frère qui se plaint de faire une *overdose* de musique irlandaise. Je dois me calmer et me convaincre que tout se passera bien. J'aimerais bien avoir déjà réussi ces danses, comme toi. Dès janvier, tu auras la chance de changer de groupe chez Triskel. Si je n'y arrive pas, ce sera peut-être la première fois en huit ans que nous serons séparées...

— Oublie cette idée, Maé. Tu vas réussir !

J'espère de tout cœur que mon amie a raison.

— Maintenant, c'est le temps d'arrêter de te morfondre et je connais un remède très efficace pour ça...

— De quoi tu parles ?

— Du rendez-vous que j'ai donné aux garçons. Nick était inquiet à ton sujet et je lui ai promis que j'allais te convaincre de finir la soirée à la salle de jeux. Alors, tu viens ? Ils nous attendent depuis au moins une demi-heure !

Pourquoi est-ce que ça ne me surprend même pas ?

# 8

# Soirée entre amis

Après avoir fait un détour par la salle à manger pour y laisser le chariot contenant nos assiettes vides, nous nous dirigeons vers la salle de jeux. Peu de jeunes s'y trouvent en ce moment. Deux gars que je ne connais pas jouent au *babyfoot*. Nick et Sébastien s'affrontent au billard. Quant à Tristan, il écoute un film sur l'écran géant au fond de la pièce.

— Maélie !

Dès que Nick me voit arriver, il se dirige vers moi, le sourire aux lèvres. La fossette à sa joue gauche me fait craquer. Elle me fait presque oublier la gaffe qui a bien failli gâcher complètement cette soirée. J'ai jeté un coup d'œil dans la salle à manger en passant, mais je n'ai pas vu Hugo. Il est probablement allé prendre une douche après sa mésaventure…

— Est-ce que tu peux dire de ma part à ton père que je suis désolée ? Je n'ai pas fait exprès de bousiller sa belle chemise hawaïenne.

— Tu veux rire ? Ça fait des années que j'essaie de le convaincre de jeter cette horreur à la poubelle. Alors, je t'annonce que tu viens de me donner un sacré coup de main !

— N'empêche, j'aurais préféré éviter cette situation.

— Oublie ça ! Mon père n'est pas rancunier et cette histoire est déjà oubliée.

— Bon ! s'impatiente Sébastien, vous jouez toutes les deux ?

— Pourquoi pas !

— Kim, tu es avec Sébastien, propose Nick, et je fais équipe avec Maélie.

Mon amie me paraît très heureuse de cette proposition. Puisqu'elle n'a jamais joué au billard de sa vie, Sébastien lui explique les règles du jeu. Pendant ce temps, Nick utilise le triangle de plastique pour placer les boules au bon endroit sur la table. C'est Sébastien qui commence la partie. Il semble s'y connaître. La boule blanche percute avec précision les dix boules de couleurs qui se dispersent dans tous les sens sur la table. La boule numéro 3 tombe dans la poche au coin.

— Nous avons les basses ! s'exclame Sébastien.

— Qu'est-ce que ça veut dire ? demande Kim, complètement perdue.

— Ça veut dire que tu dois faire tomber dans les poches les boules numérotées de 1 à 7. Ce sont les boules d'une seule couleur. Nos adversaires ont les boules rayées, qui sont numérotées de 9 à 15.

— Elles ont deux couleurs…

— C'est bien ça !

— Et la numéro 8, celle qui est toute noire ?

— C'est la dernière boule qu'on doit empocher une fois qu'on a réussi toutes les autres. La première équipe qui y parvient gagne la partie.

— Ça n'est pas si compliqué…, conclut Kim.

Sébastien vise la 5 qui se dirige vers un coin de la table. Malheureusement, la boule frappe la bande et s'immobilise à quelques centimètres de sa destination.

Afin d'éviter que Kim ne mette trop de poids sur son pied blessé, Sébastien lui apporte une chaise pour qu'elle puisse s'asseoir lorsque ce n'est pas à son tour de jouer. Mon amie apprécie cette gentille attention.

C'est maintenant au tour de Nick. Il vise la 10 qui tombe directement dans l'une des poches centrales. Puis il fait tomber la 12 au coin. Wow ! Il m'impressionne !

Lorsqu'il finit par rater son coup, Sébastien aide Kim à se mettre sur pied. Tandis qu'il lui donne plusieurs conseils techniques, j'en profite pour discuter avec Nick.

—Je suis étonnée qu'il y ait déjà autant de danseurs à l'hôtel. Est-ce que ton école aussi est en pédagogique aujourd'hui et demain ?

—Seulement demain. Par contre, mon père tenait à arriver aujourd'hui, parce qu'il avait rendez-vous avec madame Lessard. Elle voulait absolument souper avec lui. Je crois qu'elle avait quelque chose d'important à lui annoncer.

Je me demande si ça a un lien avec ce que j'ai entendu un peu plus tôt concernant ce remplaçant qu'elle recherche…

—Tu sais de quoi il s'agit ? demandé-je à Nick.

—Aucune idée.

En suivant les conseils de Sébastien, Kim vise la boule numéro 2. Elle rate complètement son coup. La blanche fait un bond prodigieux puis se retrouve sur le sol et roule sous la table de *babyfoot*. Sébastien va la récupérer.

—Ouin… Ce n'est pas si facile que ça, finalement ! De quoi discutez-vous, tous les deux ? s'informe Kim qui nous a rejoints.

—D'une bien mystérieuse histoire… Tout juste avant de me donner en spectacle avec la crème de tomates, j'ai surpris sans le vouloir une partie de la conversation entre son père et madame Lessard, raconté-je à Kim. Si j'ai bien compris, notre enseignante cherche un remplaçant...

— Tu crois qu'elle veut prendre sa retraite ? m'interroge mon amie.

— C'est ce que j'ai pensé... Même si madame Lessard est pleine d'énergie, elle n'est plus très jeune. C'est possible qu'elle veuille laisser sa place à quelqu'un d'autre.

— Et vous croyez qu'elle a offert ce poste à mon père ? demande Nick.

— Ça se pourrait...

— Ce serait cool d'avoir de vrais locaux pour s'entraîner. Il y a longtemps que mon père veut avoir son école de danse..., songe Nick.

— Au lieu d'élaborer toutes sortes de scénarios, pourquoi tu n'appelles pas Hugo pour en avoir le cœur net ? suggère Sébastien, de retour avec la boule blanche.

— Bonne idée !

Nick compose le numéro de son père et met le téléphone sur mains libres. Ainsi, nous pourrons suivre la conversation.

— Allo ?

— Papa ? C'est Nick. Tu es dans la chambre ?

— Je suis à l'étage et j'attends l'ascenseur. Je m'en vais rejoindre madame Lessard au bar puisque notre conversation au souper s'est terminée un peu plus rapidement que prévu…

Je sens la chaleur envahir mon visage.

— Qu'est-ce qu'elle te voulait au juste ?

— Bof… Rien d'important…

— T'es sûr ?

Nous l'entendons toussoter.

— Tiens, tiens, si c'est pas Hugo ! lance une voix grave.

L'homme qui vient d'arriver près des ascenseurs parle si fort qu'on peut facilement l'entendre.

— Nick, je dois te laisser, je suis avec Brad. On s'en reparle plus tard… D'accord ?

— OK !

Une cloche retentit, signe que l'ascenseur va bientôt ouvrir ses portes.

— Dis à Sébastien de ne pas se coucher trop tard. Il doit être en forme pour la compé demain…

— Toujours aux petits oignons avec tes élèves ! le taquine le nouveau venu.

— Je lui fais le message ! promet Nick en mettant fin à l'appel.

Il range le cellulaire dans la poche arrière de son jeans.

— Ton père a rencontré un ami ?

— Brad n'est pas vraiment ce qu'on pourrait appeler un bon copain…, laisse tomber Seb.

— Mon cousin a raison, reprend Nick. Je dirais plutôt que cet homme est un vrai paquet de troubles…

— Qu'est-ce que tu veux dire ? le questionne Kim.

— Brad Mongeau est lui aussi un ancien élève de madame Lessard, nous explique Nick. Mon père et lui étaient ses meilleurs élèves. Il y a toujours eu une grande compétition entre eux. Tous les deux ont passé l'audition pour la tournée de Rêve celtique. Mon père a été retenu, mais pas Brad. Je crois que ça a été un dur coup pour lui. C'est là qu'il a décidé de créer sa propre école de danse, Double Clic.

— Brad est le proprio de Double Clic ?! échappé-je, surprise. Maintenant, je sais de qui tu parles. Nous l'avons croisé à quelques reprises lors de compétitions de groupe. Cet homme est hautain et arrogant, et il est persuadé que ses danseurs sont les meilleurs !

— C'est tout à fait lui. Un vrai crétin ! renchérit Seb.

— À son retour de tournée, mon père a tenté de louer un local pour ouvrir lui aussi une école de danse irlandaise, poursuit Nick. La Ville lui a mis des bâtons dans les roues et il n'a jamais pu obtenir le permis lui permettant d'exploiter un commerce de ce genre à l'endroit qu'il avait déniché.

— C'est quoi le lien avec Brad ? lui demandé-je.

— Mon père n'a aucune preuve, mais il est certain que Brad est derrière tout ça. Il a des contacts à la Ville et personne n'a pu lui expliquer la raison exacte du refus.

— C'est très étrange, ça ! s'exclame Kim.

— Quand Brad est dans les parages, ça ne présage jamais rien de bon, laisse tomber Sébastien.

— Avec tout ça, on n'est pas plus avancé, se désole Nick. Mais je connais bien mon père et j'ai l'impression qu'il me cache quelque chose…

— C'est aussi l'impression que j'ai eue, lui avoué-je.

— Je n'ai rien remarqué ! s'étonne Kim. Qu'est-ce qui vous fait dire ça ?

— Premièrement, Hugo n'a pas répondu à la question de Nick, et deuxièmement, il a toussoté. C'est un signe qui ne ment pas. Il essaie de dissimuler quelque chose, ça ne fait aucun doute ! déclaré-je.

— Comment tu sais ça ? m'interpelle Kim.

— Si tu avais une mère psy, toi aussi tu connaîtrais les secrets du langage non verbal, expliqué-je. Tu vois, tu viens de lever le sourcil droit !

— Ah oui ? fait mon amie. Et qu'est-ce que ça signifie ?

— Que tu n'es pas d'accord avec ce que je viens de dire.

— T'as raison, ton truc fonctionne vraiment !

Disons que le talent de ma mère pour déchiffrer ce que je pense simplement en me regardant est le moindre de mes soucis en ce moment. Mes pensées sont plutôt dirigées vers le possible départ de madame Lessard. Je suis de plus en plus inquiète. Triskel, c'est ma vie ! Je danse plusieurs fois par semaine depuis que je suis toute petite. Je suis si souvent au local de danse que je considère cet endroit comme ma deuxième maison, et les danseurs comme ma seconde famille. Il fallait probablement s'attendre à ce que madame Lessard prenne sa retraite un jour ou l'autre. Sauf que je n'ai pas envie qu'elle parte ! Elle a tellement de talent ! Ce ne sera plus pareil sans elle…

— Tu sais, Nick, madame Lessard est une danseuse incroyable. Elle a terminé première aux Mondiaux deux années consécutives lorsqu'elle était plus jeune. On a beaucoup de chance de l'avoir comme prof.

— Si ton père ne peut pas la remplacer, elle va avoir de la difficulté à trouver quelqu'un d'aussi qualifié qu'elle pour prendre sa place, observe Kim.

— Ce n'est pas en passant une petite annonce dans les journaux qu'elle y parviendra, ajouté-je. Vous savez comme moi que les professeurs de danse irlandaise, ça ne court pas les rues. Ils sont quasiment aussi rares que les trèfles à quatre feuilles !

— Tu oublies que mon père a déjà fait une tournée ! Il connaît des dizaines et des dizaines de très bons danseurs. Et je suis certain qu'il fera tout pour l'aider puisqu'il tient beaucoup à elle. Ce n'est qu'une question de temps avant qu'elle trouve quelqu'un pour la remplacer.

— J'espère que tu as raison !

— On termine cette partie ? propose Sébastien.

Nick essaie de me remonter le moral :

— Ce n'est peut-être rien du tout, m'encourage-t-il. Je vais essayer d'en savoir un peu plus lorsque je retournerai à la chambre, tout à l'heure...

— Merci, Nick.

C'est mon tour de jouer. Je vise la 14 et réussis à la faire tomber en frappant la 15 au passage.

— Bravo, Maélie ! se réjouit mon partenaire, qui me suggère de poursuivre avec la 11 au coin.

Je passe à un cheveu de réussir mon coup. C'est au tour de Sébastien de s'avancer vers la table. Je vais rejoindre Nick.

— Si Sébastien participe au *feis* de Noël, pourquoi est-ce que tu n'es pas inscrit toi aussi ? lui demandé-je.

— Je viens tout juste de changer de niveau et je ne maîtrise pas encore assez bien mes nouveaux pas.

— Et à quel niveau es-tu rendu ?

— *Open Championships.*

J'en ai le souffle coupé ; même si nous avons le même âge, Nick est plus avancé que moi de deux niveaux !

— C'est vrai ? balbutié-je, impressionnée. Alors là, je n'oserai jamais danser devant toi !

— Ne sois pas intimidée, Maé. J'ai la chance d'avoir un professeur de danse plutôt exigeant...

— Tu parles de ton père ? lui demandé-je.

— Il a dansé avec les meilleurs. Et il impose à ses élèves une discipline très stricte. Nous avons un programme d'exercices à faire quotidiennement. Et tu as remarqué le conseil qu'il a donné à Sébastien ? Il contrôle même nos heures de sommeil avant une compétition ! Mon père n'est pas toujours de tout repos, mais je dois avouer que ça finit par donner des résultats. Et toi, de quel niveau es-tu ?

— Je suis *prize* et Kim vient tout juste d'atteindre le niveau *prelim*.

— Sébastien aussi est *prelim*, m'informe Nick.

— Ce qui veut dire que tous les conseils de ta part seront les bienvenus si tu veux te joindre à nous demain matin. Nous allons nous entraîner dans la salle de conférence à partir de 9 heures.

— C'est une invitation ? s'enquiert-il en me regardant droit dans les yeux.

On pourrait sûrement faire cuire un œuf sur mes joues tellement elles sont brûlantes.

— Je crois bien, oui !

Nick se dirige vers la table de billard, le sourire aux lèvres.

— Alors, j'y serai sans faute.

# 9
# Une nouvelle surprenante

Je n'ai pas vu Kim à la salle à manger ce matin. La connaissant, elle doit encore dormir... tout comme Tristan et ma mère qui ont décidé de faire la grasse matinée. Peu importe, je me suis régalée. Les gaufres étaient délicieuses ! En fait, je crois que j'ai un peu exagéré : j'ai l'impression d'être gonflée comme un ballon.

Le temps de digérer, je décide de faire un peu de place dans la salle de conférence. J'empile plusieurs chaises dans un coin, puis je pousse les tables le long du mur. Une fois l'espace dégagé, je me dirige vers mon sac de sport et en sors mon iPhone qui contient la musique dont j'ai besoin pour danser. J'en profite pour vérifier mes messages. Mon père m'a écrit !

Bon week-end et bonne chance pour la compé, ma pitchounette ! ☺

J'ai beau lui répéter que l'époque où j'aimais qu'il m'appelle « pitchounette » est terminée depuis longtemps, il n'y a rien à faire. Il s'entête à croire que ce petit mot doux me fait plaisir !

Même s'il doit se trouver à des milliers de kilomètres d'Ottawa en ce moment, je suis heureuse que mon père pense à moi. En fait, je ne sais pas où il est ce week-end. Tiens ! Je vais lui poser la question...

T où ? J'ai hâte de te voir ! xx

Une fois mon message envoyé, je regarde l'heure avant de ranger mon téléphone dans mon sac. Il est 8 h 59. Je me demande si Nick sera au rendez-vous ce matin. A-t-il vraiment l'intention de se lever aussi tôt pour me regarder danser ? J'ai de gros doutes là-dessus...

J'enfile mes souliers souples. Ces chaussons en cuir très mince possèdent de longs lacets. Il faut passer les cordons à plusieurs reprises derrière la cheville et sous le pied avant de les attacher. Juste comme je termine l'opération, une voix grave me fait sursauter.

— Salut, Maélie !

Finalement, je m'en suis fait pour rien. Nick est un gars de parole et ça me plaît ! Il prend place sur la chaise voisine de la mienne.

— Allo ! T'es bien matinal !

— On avait rendez-vous, non ? Avoue que tu ne croyais pas me voir ce matin…

— Heu…

Comment Nick arrive-t-il à lire dans mes pensées ? Je croyais qu'il n'y avait que ma mère qui était capable de me deviner aussi bien !

— C'est une blague, Maé.

Je suis super contente de le voir, bien que j'aie un peu le trac de danser devant lui, maintenant que je connais ses talents.

— Alors, as-tu réussi à faire parler ton père concernant sa rencontre d'hier soir ?

— Oui. Je sais maintenant ce qui se trame…

— Allez, Nick ! Ne me fais pas attendre ! Est-ce que je dois te supplier pour que tu te décides à parler ? le taquiné-je.

Nick fait mine de réfléchir un instant, comme s'il hésitait à me mettre dans la confidence, puis il m'explique :

— Tu connais madame Lessard… Ce n'est pas le genre à se plaindre pour rien. Hier, elle a raconté à mon père que ses maux de dos sont de plus en plus fréquents et qu'ils la font terriblement souffrir. Elle a consulté le médecin à plusieurs reprises. Les dernières radiographies de sa colonne vertébrale montrent beaucoup d'arthrose, c'est pourquoi son spécialiste lui recommande de cesser la danse.

— Oh non ! nous interrompt Kim qui arrive juste à ce moment et qui a entendu la fin de notre conversation. Madame Lessard ne peut plus danser ?!

— Je t'en supplie, dis-moi que c'est une blague, insisté-je auprès de Nick.

— Il y a plusieurs semaines qu'elle cherche une solution à son problème, et elle en est arrivée à la conclusion que la seule option pour que sa condition s'améliore est d'arrêter de danser.

Cette nouvelle m'attriste. Madame Lessard, c'est comme ma deuxième mère. Je la connais depuis si longtemps ! C'est elle qui m'a transmis cet amour pour la danse irlandaise. Elle est tellement pleine d'énergie ! Je ne peux pas croire qu'elle va mettre fin à sa carrière.

— Pauvre madame Lessard, elle doit être anéantie ! se désole Kim, qui fait écho à mes pensées. La danse, c'est toute sa vie !

— Elle a un remplaçant ? lui demandé-je. Est-ce que ton père accepte de prendre sa place ?

— C'est compliqué... Vous savez déjà que mon père a croisé Brad dans l'ascenseur, hier soir. Madame Lessard et mon père auraient préféré discuter en privé, mais Brad a finalement passé la soirée avec eux.

— Il est donc au courant de ses projets...

— Oui. Et vous savez quoi ? Brad lui a proposé de racheter son école !

— Quoi ?!

Kim et moi sommes complètement estomaquées. Ce prétentieux pourrait devenir le nouveau propriétaire de Triskel ? C'est un vrai cauchemar !

— Madame Lessard a accepté sa proposition ?

— C'est-à-dire que mon père s'est également montré intéressé à acquérir Triskel. Il y a longtemps qu'il cherche un local de danse, et racheter cette école serait une occasion en or d'obtenir une clientèle déjà établie. Il ne veut pas laisser passer cette chance.

— Et qu'est-ce que madame Lessard a décidé ? le relance Kim.

— Selon elle, la nuit porte conseil. Elle doit rendre sa décision aujourd'hui.

— J'espère vraiment que ce sera ton père qui prendra sa place, reprend mon amie.

Je pense exactement la même chose. Ce Brad ne m'inspire pas confiance. J'ai vu la façon dont il traite ses élèves en compétition... C'est un prof extrêmement sévère et très rarement de bonne humeur.

— Madame Lessard doit venir nous rejoindre tout à l'heure. Nous pourrons lui demander quelle est sa décision, fais-je remarquer à mes amis.

— Et toi, Kim, comment va ta cheville ? s'informe Nick.

— Elle est comme neuve ! Regarde !

Il ne subsiste plus aucune trace d'enflure.

— Et je ne boite même plus ! Nick, ce remède de grand-mère est fabuleux. C'est grâce à toi que je pourrai participer à la compétition demain. Alors, on la fait, cette répétition ?

— Je te conseille d'être prudente, lui suggère Nick. Mon père a dit qu'il viendrait te voir ce matin. Tu devrais attendre qu'il arrive avant de danser...

— D'accord. Je vais suivre ton conseil. Vous avez vu Seb ?

— Il dort encore, lui apprend Nick.

— Il m'avait pourtant promis hier soir de venir s'entraîner avec nous !

— Mon cousin n'est pas très doué pour tenir ses promesses.

— Tant pis pour lui ! commente-t-elle.

Même si elle n'en laisse rien paraître, je sais que Kim est déçue.

— Je vais lui envoyer un texto pour lui rafraîchir la mémoire, propose Nick.

— C'est une bonne idée ! le remercie mon amie.

Comme moi, Kim a revêtu un short et une camisole. L'air frais de la salle de conférence me donne la chair de poule. Je décide de faire quelques étirements et exercices d'échauffement.

— Nick, je peux te poser une question ? demande Kim alors que je marche sur la pointe des pieds pour échauffer mes mollets.

— Oui, vas-y ! l'encourage-t-il en levant les yeux du texto qu'il est en train d'écrire.

— Est-ce que ton cousin a une petite amie ?

Je suis étonnée que Kim ait l'audace de poser cette question. Elle vient quasiment d'avouer son intérêt pour Sébastien.

Nick essaie de retenir un éclat de rire.

— Ta réaction ne me rassure pas du tout ! s'exclame mon amie.

— Je serais tenté de te répondre qu'il n'a pas une, mais plusieurs petites amies.

— Quoi ? Il sort avec plus d'une fille en même temps ?

— Non. Ce n'est pas ça. Ce que je veux dire, c'est qu'il est très populaire auprès des filles et que je ne l'ai encore jamais vu s'attacher à quelqu'un.

— D'accord, je vois le genre..., réplique Kim sans que je parvienne à savoir si elle est déçue ou heureuse de ces révélations.

En tout cas, elle sait maintenant que Sébastien n'a pas de petite amie « officielle ».

Alors que je fais un pas de déplacement d'un bout à l'autre de la salle, Hugo nous rejoint.

— Comment se porte notre blessée ?

— Très bien ! Regardez !

Kim fait bouger sa cheville dans tous les sens pour lui montrer que tout est réglé.

— Tu permets que je voie ça de plus près ?

Assise sur une chaise, Kim dépose son pied sur les genoux du père de Nick. Celui-ci fait des pressions autour de sa cheville pour savoir si elle ressent de la douleur.

— Un tout petit peu de rien du tout.

— À quel endroit ?

— À l'extérieur.

Il bouge ensuite la cheville de Kim dans tous les sens en étirant ses muscles au maximum pour voir si la plupart des mouvements peuvent être effectués sans inconfort.

— Il te faudra être très prudente, conclut-il. Je te conseille d'y aller mollo aujourd'hui. Et je tiens toujours à ce que tu portes un bandage adhésif pour danser.

— Pas de problème. J'ai toujours du ruban qui traîne dans mon sac puisque j'en utilise pour éviter les ampoules.

— Si tu le veux bien, je vais m'occuper de ton *taping*.

— Super!

Kim sort le matériel nécessaire de son sac. Puisque Hugo s'y connaît mieux qu'elle, elle préfère le laisser faire. Le bandage doit être bien exécuté pour permettre certains mouvements de la cheville tout en bloquant ceux qui pourraient éventuellement aggraver la blessure.

— Madame Lessard fait dire qu'elle ne pourra pas être présente pour votre entraînement, annonce Hugo.

— Ah bon? Pourquoi? demandé-je.

— Son dos la fait particulièrement souffrir ce matin. Elle a décidé de rester au lit un peu plus longtemps.

— Vos trucs de physiothérapie ne pourraient pas la soulager?

— Je n'ai pas tout mon matériel avec moi. Je lui ai donc fixé un rendez-vous à la clinique dès la semaine prochaine. Je vais bien m'occuper d'elle. Ne vous inquiétez pas.

— Est-ce qu'elle pourra danser à nouveau? le questionné-je avec espoir.

Hugo hésite un instant et hausse les épaules.

— Ah, je ne peux pas me prononcer à sa place, quoique j'imagine qu'elle voudra rester active ! Par contre, vous savez comme moi que la danse irlandaise exige beaucoup des articulations et des muscles. Elle optera peut-être pour un sport un peu moins éprouvant pour le corps…

— Est-ce qu'elle a pris une décision concernant l'avenir de Triskel ? demande Nick à son père alors qu'il est sur le point de s'en aller.

— Pas encore… Bon ! Je vous laisse travailler.

— Merci beaucoup, monsieur Hugo ! le salue mon amie alors qu'il sort de la pièce.

J'ai presque envie de pleurer. Cette nouvelle me rend vraiment triste. J'ai l'impression que Triskel ne sera plus jamais la même sans madame Lessard…

# 10

# Une visite inattendue

— Vous êtes prêtes ? nous presse Nick, qui s'est emparé de mon iPhone. J'ai choisi un *reel* pour commencer.

Kim, qui termine son échauffement, se place au centre de la pièce et je la rejoins. Nous laissons passer huit temps et nous nous élançons sur la musique. Nick, assis dans un coin, observe chacun de nos mouvements. C'est étrange, parce que je me sens intimidée. Pourtant, j'ai l'habitude de danser devant des gens. En compétition, la salle est toujours pleine de monde. Même les juges me laissent indifférente. Alors pourquoi est-ce que mon cœur bat deux fois plus vite que nécessaire ?

Je pointe les pieds et contracte mes abdominaux pour que mon corps demeure très droit alors que j'effectue plusieurs sauts dans les airs. À bien y penser, je crois que c'est la présence de Nick qui me gêne à ce point. J'espère faire bonne impression, même s'il est beaucoup plus avancé que moi...

Kim et moi exécutons la routine que nous avons prévue pour la compétition de demain. Sur la musique de *reel*, nous faisons un premier pas, puis nous poursuivons avec un deuxième enchaînement.

La prudence de mon amie est visible dans chacun de ses mouvements. Elle suit scrupuleusement les conseils d'Hugo pour éviter d'aggraver sa blessure. Même s'il est évident qu'elle ne va pas au maximum de son amplitude, sa performance est plutôt réussie.

— Bravo, les filles ! nous complimente Nick lorsque nous reprenons notre souffle après plusieurs minutes de répétition.

Nous poursuivons ensuite avec un *slip jig*. Les pas de cette danse sont différents de ceux du *reel*, la musique ne possédant pas le même rythme. Nous répétons nos enchaînements à plusieurs reprises puisqu'ils seront aussi évalués à la compétition demain. Au bout d'une quinzaine de minutes, nous prenons une pause.

— C'est très bien ! nous félicite Nick.

— Alors, quels sont tes commentaires ? lui demande Kim.

— Étire bien les jambes lors de tes déplacements, elles ont tendance à être légèrement pliées. Et fais attention au rythme.

Nick a vu juste. Kim sait qu'elle doit penser à demeurer sur le temps tout au long de l'enchaînement. C'est son point faible.

— Et toi, Maélie, garde les pieds bien ouverts. Le mouvement doit partir de la hanche.

Nous répétons nos pas en appliquant les conseils de Nick.

— C'est beaucoup mieux ! s'exclame-t-il lorsque la musique prend fin. Et maintenant, si vous changiez de souliers ?

— Bonne idée !

Je fouille dans mon sac de sport à la recherche de mes souliers durs. Avec ce type de soulier, la danse est beaucoup moins aérienne, quoique plus dynamique. Le soulier dur demande une grande maîtrise technique, mais lorsque tous les danseurs frappent le sol au même moment et que les mouvements des jambes sont effectués simultanément, l'effet visuel est incroyable ! J'ai l'impression de me sentir vivante, comme une pile à plat qu'on recharge !

Tandis que Kim cherche ses souliers dans son sac de plage – il est si grand que mon frère pourrait quasiment s'y cacher –, Nick utilise mon cellulaire pour nous dénicher une belle mélodie irlandaise.

—Vous voulez commencer par le *treble jig* ou le *hornpipe* ?

—Peu importe, je veux travailler les deux, car je dois absolument remporter la première place pour chacune de ces danses.

—Ce sont celles qui lui manquent pour monter de niveau, précise Kim à l'intention de Nick.

—Alors ce sera le *treble jig* en premier, décide-t-il.

Notre coach improvisé demande à nous voir danser l'une après l'autre. Il peut ainsi se concentrer pour regarder chaque mouvement et entendre chaque son.

Lorsque je m'élance sur le premier temps, je chante dans ma tête les pas que je dois effectuer. Vu l'origine anglo-saxonne de la danse irlandaise, les pas sont appris en anglais :

*Jump, cut treble and toe and heel*
*Bang, down treble and toe, back 2-3*
*Click 2-3, click 2-3...*

—Bravo, Maélie ! Tu as réussi tous tes clics à la perfection. Ton *timing* est parfait ! Surveille tes pieds : ils doivent demeurer pointés le plus possible.

Les clics sont des mouvements où le danseur frappe les talons de ses souliers l'un contre l'autre pour produire un son sans que, la plupart du temps, les deux pieds ne touchent le sol à ce moment. Il y a différentes façons d'effectuer un clic mais le plus difficile, selon moi, est le clic arrière.

Sébastien nous rejoint sur ces entrefaites. Il a ses deux paires de souliers dans les mains.

— Allo, gang !

— T'en as mis du temps pour sortir du lit ! lance Kim d'un ton plutôt froid.

Sébastien n'en fait pas de cas. Il s'approche d'elle et passe son bras autour de son cou. Je la sens fondre comme un glaçon en plein soleil.

— J'aimerais bien te voir danser. Tu veux bien faire ça pour moi ? demande Sébastien d'un ton enjôleur.

— Quand c'est demandé si gentiment, comment refuser ?

Kim se dirige vers le milieu de la salle et fait signe à Nick de démarrer la musique. Elle semble stimulée par son public, car elle danse super bien, ce matin ! Sébastien ne la lâche pas des yeux. Je crois qu'il est impressionné. Une fois qu'elle s'arrête, il la félicite :

— Wow ! Super, ce pas ! Je ne le connaissais pas.

— Vous aimeriez l'apprendre, les gars ? suggère Kim.

Sébastien enfile rapidement ses souliers, puis les deux garçons viennent nous rejoindre sur la piste de danse improvisée. Pendant près d'une heure, nous exécutons des pas de danse irlandaise, autant sur des musiques traditionnelles que sur les grands succès de l'heure. Maintenant que les gars maîtrisent le nouveau pas que nous leur avons appris, nous le répétons tous ensemble.

Nick et Sébastien, qui s'étaient positionnés derrière Kim et moi pour suivre nos pas, se placent maintenant à nos côtés pour former une demi-lune, afin qu'on puisse tous se voir danser. Tandis que nous répétons une fois de plus le dernier pas appris, Nick ajoute quelques jeux de pieds supplémentaires.

— Hé ! Je vois que tu as fait quelques petites modifications ! remarqué-je.

— Tu aimes ?

— C'est beaucoup mieux comme ça ! Tu peux me montrer comment tu fais ce double clic ?

Kim et Sébastien s'éloignent un peu pour répéter en duo alors que Nick m'apprend comment produire deux sons consécutifs avec les talons de mes souliers. Les jambes tendues doivent se croiser dans un mouvement avant-arrière. Si le pied droit est à l'avant au départ, il doit reprendre sa place initiale à la fin de l'exécution. Pendant le saut, le danseur garde les pieds ouverts pour que ses talons s'entrechoquent au passage, et ce, à deux reprises.

Après plusieurs minutes à m'entraîner aux doubles clics, je suis si essoufflée que j'ai besoin d'une pause. Pendant que Nick va chercher des bouteilles d'eau au distributeur à l'extérieur de la salle de conférence, je vais m'asseoir à côté de Kim qui regarde Sébastien danser un *reel*.

Contrairement aux souliers souples des filles, ceux des garçons possèdent un talon rigide. C'est pourquoi Seb peut produire des sons qu'il nous serait impossible de faire, Kim et moi. La danse en souliers souples étant beaucoup moins statique qu'avec les souliers durs, Sébastien se déplace d'un bout à l'autre de la salle en tendant ses jambes au maximum. Il effectue des sauts d'une hauteur impressionnante et il est beaucoup plus flexible que je le croyais. Il doit sûrement faire des exercices d'assouplissement de façon régulière pour obtenir une flexion complète de la hanche ! Nick est de retour et il nous tend des bouteilles d'eau avant de prendre place au centre de la salle. C'est maintenant à son tour de nous montrer ce qu'il sait faire en *reel*. Même s'il n'a que des espadrilles dans les pieds, j'adore son style. Sa posture est parfaite ! Son dos est droit, ses épaules sont tendues vers l'arrière et ses poings bien fermés. Lorsqu'il saute dans les airs, il semble aussi léger qu'une plume. Wow ! Pendant quelques secondes, on dirait que la gravité est suspendue. J'espère sincèrement être capable un jour d'effectuer de tels mouvements aussi bien que lui !

Lorsqu'il s'arrête après avoir exécuté un pas particulièrement difficile, des applaudissements retentissent derrière nous. Je me retourne et j'aperçois une fille de notre âge aux longs cheveux noirs et au teint basané.

— Très impressionnant, Nick. Tu es vraiment incroyable. J'ai toujours aimé te regarder danser...

— Véro ?

— Tu m'as manqué, lui dit-elle en se précipitant dans ses bras.

Nick a une petite amie ? Je sens mon cœur se fendre en deux...

# 11

# Une rencontre plutôt désagréable

— J'espérais tellement te croiser ce week-end ! reprend-elle à l'intention de Nick. Ça fait longtemps qu'on s'est vus ! Comment vas-tu ?

J'examine attentivement la nouvelle venue. Sa combinaison de sport, c'est-à-dire une camisole rose fuchsia et un legging aux genoux, laisse entrevoir un ventre aussi plat qu'une planche à repasser. Impossible de manquer le joli bijou accroché à son nombril !

Je connais cette fille. Mais je n'arrive pas à me souvenir de l'endroit où nous nous sommes croisées...

— Je vais super bien ! Et toi, Véro ? Tu es ici pour le *feis* de Noël ? demande Nick.

— Évidemment...

Ah! C'est une danseuse! Voilà pourquoi j'ai l'impression de la connaître. On s'est probablement déjà vues lors d'une compétition.

Je dois avouer qu'elle est très jolie, même si elle fait mine de nous ignorer Kim, Sébastien et moi. Je ne sais pas si les autres ressentent la même chose, mais on dirait presque qu'on est de trop... Est-ce moi qui me fais des idées ou Nick semble mal à l'aise? Il faut dire qu'elle est si près de lui... Beaucoup trop près à mon goût, en fait...

Sébastien, qui n'est pas du genre à s'en laisser imposer, intervient:

—Hé, je suis content de te revoir, Véro!

Comme si une mouche l'avait piquée, elle fait un pas en arrière et s'éloigne de Nick. Merci, Seb, je t'en dois une!

—Ah! Salut..., dit-elle en cherchant visiblement son prénom.

Apparemment, elle ne se souvient pas de Sébastien.

—Seb! lance le principal intéressé. Tu te rappelles? On s'est rencontrés au Grand Théâtre de Québec il y a quelques années, pendant une représentation de Rêve celtique...

—Ça fait longtemps, laisse tomber Véro qui ne paraît pas se remémorer la rencontre en question.

Nick se tourne vers nous.

— Véro, je te présente Kim et Maélie.

La fille esquisse un sourire faux. J'ai vraiment l'impression qu'on la dérange. Pourtant, c'est elle qui interrompt notre répétition !

— Salut ! lui lance Kim. Si j'ai bien compris, tu danses aussi. Tu es à quelle école ?

— Double Clic.

Maintenant, ça me revient ! J'ai dansé contre cette fille l'an dernier lors d'une compétition de groupe. Nous avons malheureusement terminé deuxièmes. Mais le pire, c'est que trois danseuses de son groupe ne se sont pas gênées pour nous dire que nous n'étions pas de calibre contre elles... Et Véronique faisait partie de celles que j'avais surnommées les Triples Nouilles.

— Et vous, vous êtes chez Triskel, laisse-t-elle tomber d'un ton hautain sans plus nous accorder la moindre attention.

Pas de doute, elle se souvient de nous. Par contre, je ne crois pas que Kim la replace. Mon amie semble déroutée par son attitude arrogante.

— Je dois m'entraîner. On se voit plus tard, Nick ! J'ai plein de choses à te raconter !

Elle fait un signe de la main et lui offre son plus beau sourire, comme s'ils étaient seuls au monde. Grrr ! C'est officiel, je la déteste !

— Hé, Véro, attends !

Sébastien s'élance à ses trousses alors qu'elle s'éloigne déjà. Il est évident que Kim n'apprécie pas du tout.

— C'est qui, cette fille ? veut savoir mon amie.

Si je laisse Nick lui répondre, j'arriverai peut-être à découvrir le lien qui existe entre eux. Alors je me tourne vers lui et j'attends sa réponse avec impatience.

— La mère de Véronique est maquilleuse. Elle était sur la même tournée que mon père. C'est là que j'ai connu Véro.

Si je comprends bien, elle fait donc partie des « quatre inséparables ». Nick m'a raconté que la tournée de Rêve celtique avait duré un peu plus d'un an. Ils ont sûrement développé des liens d'amitié tous les deux après avoir passé tout ce temps ensemble. Je ne peux m'empêcher de ressentir une pointe de jalousie. Triple Nouille a eu la chance de parcourir le monde pour une tournée de danse irlandaise aux côtés du garçon le plus charmant que je connaisse. Le rêve ! Ce que j'aurais aimé être à sa place !

Nick se rend peut-être compte des pensées qui me tracassent puisqu'il ajoute à mon intention :

— En tournée, tous les artistes forment une grande famille. Véro, c'est un peu comme ma petite sœur...

# 12
# Un choix difficile

Une fois la répétition terminée, Nick propose une partie de volleyball aquatique. Puisque tout le monde veut aller prendre une douche, nous nous donnons rendez-vous à la piscine après dîner. Au lieu de nous rendre directement à nos chambres, Kim et moi faisons un détour par le cinquième étage. Je viens d'envoyer un texto à madame Lessard et elle attend notre visite. Nous voulons voir comment elle se porte. Bien entendu, nous voulons aussi lui demander si elle a pris une décision concernant celui qui la remplacera.

—Quand je pense que Sébastien est parti en courant derrière cette Véro ! Je le pensais plus intelligent que ça !

—Tu ne l'as pas reconnue ? C'est une des Triples Nouilles !

— Non ! Tu me fais marcher ? ! À bien y penser, tu as tout à fait raison ! Elle n'a pas changé depuis la dernière fois qu'on l'a vue à la compé de groupe. Veux-tu bien me dire pourquoi les garçons sont toujours à ses pieds ?

— Parce qu'elle est belle, qu'elle danse bien, qu'elle a un look d'enfer… Tu veux que je continue ? dis-je, sarcastique.

— Ce que tu peux être déprimante ! On est arrivées. Il est temps d'oublier cette chipie !

Nous sommes devant la chambre 510. Je frappe à la porte.

— Entrez !

— Bonjour, madame Lessard ! C'est nous !

— Venez me rejoindre !

Madame Lessard est toujours en pyjama. Elle est installée dans son lit en position semi-assise, plusieurs oreillers derrière son dos. Habituellement, elle porte des verres de contact ; ça fait drôle de la voir avec des lunettes rondes et très colorées ! Son téléphone en main, elle écrit un texto.

— Vous parlez à votre amoureux ?

— Non… J'envoie un message important. Donnez-moi deux secondes, les filles… Et voilà !

Est-ce que madame Lessard aurait pris sa décision ? Le message est-il destiné à Hugo ou à

Brad ? On arrive peut-être trop tard pour discuter avec elle.

— Hugo nous a transmis votre message ce matin et nous étions inquiètes pour vous.

— Je suis désolée d'avoir manqué la répétition, les filles. J'aurais bien aimé vous voir danser. Comment va ta cheville, Kim ?

— Comme une neuve ! J'ai répété ce matin et tout s'est bien passé.

— Parfait ! Je suis contente. J'aimerais pouvoir en dire autant de mon dos. Le médecin m'a mise au repos. Interdiction de faire du sport jusqu'à nouvel ordre.

— Nick nous a informées de ce qui vous arrive. Nous sommes au courant pour vos douleurs au dos… et aussi pour le remplaçant que vous cherchez.

— Je vois que les nouvelles vont vite ! Je suis désolée de ne pas vous en avoir parlé avant. J'aurais aimé vous apprendre mon départ moi-même.

— Vous êtes certaine que vous ne pourrez plus jamais danser ? demande Kim.

— Oh, je vais danser encore ! Mais ce sera probablement la valse ou le cha-cha-cha. Enfin, tout style qui demande un peu moins de sauts que la danse irlandaise. Je pourrais même proposer à mon amoureux de nous inscrire à des cours de tango ! ajoute madame Lessard qui semble perdue dans ses pensées.

— C'est une bonne idée ! Il sera sûrement content de passer plus de temps avec vous !

— Tu as bien raison, Maélie ! Vous savez, j'ai bien de la difficulté à accepter ce qui se passe en ce moment. Je dois pourtant me rendre à l'évidence : je vieillis. Ces dernières années, j'ai continué à danser malgré les douleurs que je ressentais au dos. Je crois que je n'ai pas aidé mon cas. J'aurais dû écouter mon corps et je ne l'ai pas fait. Je l'ai poussé au maximum de ses capacités et maintenant, j'ai l'impression qu'il me lâche. J'aurais dû chercher un remplaçant depuis longtemps. Mais je ne voulais même pas considérer la possibilité de perdre mes élèves. Vous êtes toute ma vie et je vous aime tellement ! Venez ici que je vous serre dans mes bras…

Elle tapote le lit près d'elle pour qu'on aille la rejoindre.

— Nous aussi, on vous aime, madame Lessard.

Kim et moi la serrons à tour de rôle dans nos bras. Je retiens difficilement mes larmes.

— Il est hors de question que vous arrêtiez la danse parce que je prends ma retraite. Vous avez encore de très belles années devant vous. Je dois seulement trouver quelqu'un de confiance qui pourra prendre la relève chez Triskel.

— Et vous avez pensé offrir ce poste au père de Nick ?

— Oui. C'était ma première idée. Je sais qu'Hugo cherche un local de danse depuis longtemps déjà. Il a tellement de talent, cet homme. Vous seriez entre bonnes mains avec lui. C'est pourquoi j'avais pensé lui proposer d'acheter l'école. Puis, j'ai eu la surprise hier soir de recevoir une proposition inattendue. Une deuxième personne serait également intéressée à devenir propriétaire de Triskel.

— Vous parlez de Brad ?

— Je ne peux rien vous cacher ! lance madame Lessard.

Elle paraît surprise qu'on en sache autant sur la situation.

— Alors, vous avez fait votre choix ? la questionne Kim.

Je croise les doigts pour qu'elle ne réponde pas que Brad a été choisi.

— C'est l'une des décisions les plus difficiles de toute ma vie.

— Pourquoi est-ce si compliqué ? veut savoir Kim.

— Hugo et Brad sont mes anciens élèves. Ce sont deux excellents danseurs. J'ai beaucoup d'affection pour eux. C'est pourquoi j'ai autant de difficulté à arrêter mon choix. Hugo a acquis énormément d'expérience avec cette tournée autour du monde. J'ai une confiance totale en lui. C'est un homme organisé, généreux et d'une grande patience. Par contre, il hésite à laisser son métier de physiothérapeute et j'ai peur que malgré sa bonne volonté, Triskel en souffre, un de ces jours.

—Brad aussi est très occupé avec Double Clic. Comment arrivera-t-il à enseigner aux deux endroits en même temps ? lui oppose Kim.

—Il est certain que son horaire sera très chargé. Toutefois, il a déjà de l'expérience puisqu'il a fondé cette école qui fonctionne très bien. C'est un homme déterminé, qui a confiance en lui et qui prend tous les moyens pour atteindre les buts qu'il se fixe. Un autre point en faveur de Brad, c'est qu'il est mon neveu.

—C'est vrai ?

—Oui. Brad est le fils de ma sœur. Et si je le choisis, Triskel restera dans la famille. D'un autre côté, mon neveu a un tempérament particulier... pour ne pas dire un caractère de chien. Et je sais qu'il entretient des relations tendues avec plusieurs personnes de son entourage. Ce qui n'est pas très bon pour les affaires...

Je suis heureuse de savoir que madame Lessard connaît le côté sombre de Brad. Je regarde Kim, qui semble confiante. Comme elle, j'espère qu'Hugo sera le choix de madame Lessard.

— Malgré leurs personnalités tout à fait différentes, je sais que tous les deux sont compétents. Je ne peux choisir sans déplaire à l'un ou à l'autre, reprend-elle. C'est pourquoi j'ai décidé de trancher en leur lançant un petit défi...

— À quoi pensez-vous exactement ?

— Un duel... J'ai demandé à Hugo et à Brad de me rejoindre à 15 h 30 dans la salle de conférence. Celui qui offrira la meilleure prestation de danse deviendra le prochain propriétaire de Triskel.

Une compétition de danse entre les deux hommes ?! Il n'est pas question que je rate ça !

# 13

# Volleyball

En sortant de la douche, je remets le maillot de bain que j'ai porté hier. Avoir su que j'irais deux fois à la piscine, j'en aurais apporté un autre! Il est encore tout humide! Ouache! Ce n'est pas très agréable à enfiler. En sortant de la salle de bain, je constate que ma mère et mon frère sont de retour. Ils ont déjeuné ensemble après avoir fait la grasse matinée.

— Où est le ballon, Tristan? J'en ai besoin!

— J'y vais moi aussi! décide-t-il en se précipitant vers la salle de bain pour récupérer son maillot.

— Bon! Il faut vraiment que je m'occupe de lui encore aujourd'hui? demandé-je à ma mère qui met un peu d'ordre dans la chambre.

— Tu es une grande sœur formidable! m'envoie-t-elle en souriant d'un air charmeur.

Je lève les yeux au ciel. Ça, c'est une tactique de psy! Elle me fait des compliments dans l'espoir d'obtenir ce qu'elle veut. Dans ce cas-ci, je devrai m'occuper de mon frère tout l'après-midi, une fois de plus!

Tristan attrape ce dont il a besoin, sans oublier le ballon. Au moins il est toujours gonflé! Puis nous nous dirigeons enfin vers le rez-de-chaussée.

Je croyais qu'on serait les premiers, mais Nick et Sébastien sont déjà là. Kim n'est pas encore arrivée, ce qui n'est pas vraiment une surprise... Je laisse mes affaires sur une chaise et me dirige vers la piscine. En passant près du spa, j'aperçois madame Lessard.

—Ça fait tellement de bien à mon dos! s'exclame-t-elle avec un grand sourire. Hugo avait raison. J'aurais dû profiter des installations de l'hôtel bien avant!

—Je suis contente que la chaleur de l'eau arrive à vous soulager.

Je la salue et vais m'asseoir sur le bord de la piscine.

Nick, qui est déjà à l'eau, vient me rejoindre.

—Hé! Tu es au courant pour le duel? lui demandé-je.

—Oui. J'étais avec mon père lorsqu'il a reçu le texto de madame Lessard.

— Qu'est-ce qu'il pense de tout ça ?

— Je dirais que ça l'embête un peu d'avoir à danser contre Brad. Il aurait préféré régler la situation autrement.

— Il a de bonnes chances de remporter la compétition, non ? S'il a réussi à gagner sa place sur la tournée de Rêve celtique alors que Brad n'a pas été choisi, ça doit vouloir dire qu'il est meilleur que lui !

— Mon père a beaucoup de talent. Mais il ne faut surtout pas sous-estimer son adversaire. Brad est un très bon danseur et il fera tout en son pouvoir pour ne pas être humilié une deuxième fois. Tu peux me croire.

— Comment madame Lessard arrivera-t-elle à déterminer qui sera le grand gagnant ?

— Je ne sais pas trop. Mais monsieur Martin, le gérant de l'hôtel, est au courant du duel puisqu'il informe les clients qu'il y aura un spectacle à la salle de conférence, cet après-midi. Est-ce que tu seras là ?

— C'est une invitation ? lui demandé-je à la blague.

Sans même lui laisser le temps de répondre, j'enchaîne :

— C'est certain que je serai là pour encourager ton père ! Je n'ai vraiment pas envie de me retrouver avec Brad comme prof... Crois-moi !

Si Hugo devient propriétaire de Triskel, ça signifie que Nick et moi aurons la chance de danser au même endroit. Ce serait tellement génial ! Nous pourrions nous voir plusieurs fois par semaine ! Le rêve !

— J'ai beaucoup aimé te voir danser ce matin, lui dis-je. Je vais essayer de faire aussi bien à la compé.

— Fais-moi confiance. Tu vas éblouir les juges !

— T'en es certain ?

— Tu danses très bien, Maélie. Tu peux remporter la première place sans problème.

Il semble sérieux. Je crois qu'il le pense vraiment. Ça me rassure. C'est maintenant à mon tour de me faire confiance. Je peux réussir !

— Je convaincrai le juge qui sera devant moi que je mérite la première place. Ce sera tout un défi !

— Demain, essaie de te concentrer seulement sur les pas que tu as à effectuer, me conseille Nick. Tu es capable de les réussir à la perfection. Oublie que tu veux remporter la première place à tout prix. Cela peut juste te rendre plus nerveuse et te pousser à faire des erreurs.

— Je vais suivre tes conseils. Merci, Nick.

— Quelles sont les équipes ? nous interrompt Kim, que je n'ai pas vue arriver.

Elle se dirige vers la piscine en marchant à la vitesse d'un escargot. Elle ne veut surtout pas risquer de tomber à nouveau.

— Hé ! Il est interdit de courir sur le bord de la piscine ! lance mon amie lorsque deux jeunes garçons manquent de la percuter.

— Je peux jouer ? demande une voix féminine derrière nous.

Voilà Véro qui se pointe à nouveau.

— Je l'ai invitée. Ça ne vous dérange pas, hein ? intervient Sébastien, sans vraiment attendre une réponse de notre part.

Kim semble furieuse. Il est clair qu'elle n'apprécie pas du tout l'initiative de Sébastien. Je crois qu'elle préférerait aider sa mère à faire le grand ménage de la maison plutôt que jouer avec ELLE. Avant même qu'elle ait pu protester, Sébastien divise le groupe.

— Kim, Maélie et Nick, vous êtes ensemble. Véro, Tristan et moi on va de l'autre côté.

— Il va me payer ça ! chuchote Kim lorsqu'elle passe près de moi. On va voir si elle sait jouer, cette nunuche ! Je fais le service ! affirme-t-elle, bien fort cette fois.

La partie se déroule plutôt bien. La « nunuche » ne s'en sort pas si mal, finalement, même si nous avons une confortable avance de cinq points. Par chance, Kim est déchaînée. Elle s'élance d'un côté à l'autre de la piscine pour récupérer certains coups. Seb est impressionné.

Le soleil couchant inonde la pièce de ses rayons. C'est maintenant au tour de Véronique de servir. D'une main, elle repousse sa frange qui retombe sur son visage. Lorsqu'elle lance le ballon en l'air pour faire le service, la luminosité ambiante met en valeur ses grands yeux verts. Est-ce qu'elle porte des faux cils ? Ils sont longs, courbés, parfaits quoi ! Je dois l'avouer, cette fille est vraiment très belle. Et que dire de son minuscule bikini orange ? Il cache très peu son corps de rêve.

Lorsqu'elle frappe enfin le ballon, elle manque son coup et Sébastien reçoit le projectile directement dans le dos.

— Désolée ! s'excuse Véro.

Kim retient un fou rire.

— Ça lui apprendra à faire les équipes ! souffle-t-elle à mon intention.

C'est maintenant à mon tour de servir.

— Sois prudente, Kim. Tu me connais, il pourrait bien t'arriver la même chose, avisé-je mon amie postée devant moi, au centre du bassin.

Je lance le ballon dans les airs et le frappe avec le côté de la main. Mon coup est complètement raté. Le ballon sort de la piscine et se dirige droit vers un groupe de personnes installées à proximité.

— Attenti…

Assis sur une chaise de plage, un homme lit tranquillement son journal. Avant que j'aie pu le mettre en garde, le projectile l'atteint à la tête puis rebondit un peu plus loin.

Oups ! Par chance, ce n'est pas un vrai ballon de volleyball. Je l'aurais carrément assommé !

L'homme en a échappé son journal. Mais… C'est Hugo ! Ah non ! Pas lui ! Pourquoi ça m'arrive toujours à moi ?

Le père de Nick replace ses lunettes qui sont de travers sur son nez et cherche à repérer celui qui a lancé le projectile.

Si je pouvais disparaître…

Il regarde les baigneurs et ses yeux bleu clair s'attardent sur mon visage, qui est sûrement aussi rouge qu'un homard ! Impossible de lui cacher que je suis la coupable…

— Je suis désolée, Hugo !

— Ça ne suffisait pas de me renverser de la soupe dessus, il faut en plus que tu essaies de m'assommer ? m'apostrophe-t-il d'un ton sec.

Je ne connais pas suffisamment le père de mon ami pour savoir s'il blague ou s'il est réellement fâché.

— Ne t'en fais pas, Maé, mon père a la tête dure !

Tandis que tout le monde est tordu de rire et que même Hugo affiche un air moqueur, moi, je ne souhaite qu'une seule chose : pouvoir remonter le temps et faire en sorte que cette nouvelle mésaventure n'ait jamais eu lieu.

# 14
# Discussion au salon

La partie de volleyball se termine et nous l'emportons 21 à 15. Véronique s'empresse de féliciter Nick, comme s'il était son seul adversaire.

— On va s'asseoir dans le coin salon ? propose Sébastien.

Je récupère ma serviette et constate que madame Lessard ne se trouve plus dans le spa. Elle est sans doute remontée à sa chambre pour se préparer en vue du duel. Je suis la première à arriver au sofa en L qui occupe un coin de la pièce. J'enroule ma serviette autour de mes hanches pour éviter de mouiller les coussins. Véronique arrive ensuite et prend place à l'autre bout du sofa. En fait, elle s'installe le plus loin possible de moi, ce qui fait très bien mon affaire. Lorsque Nick arrive à son tour, il se dirige dans ma direction.

— Nick, par ici ! J'ai tellement de choses à te raconter !

Véronique tapote la place à ses côtés.

Il hésite un instant, puis me lance un regard désolé et se dirige vers elle. Je lève les yeux au ciel. Le manège de Véro ne m'a pas échappé. J'inspire profondément pour me calmer tandis que Kim prend place près de moi avec Sébastien. Mon frère, quant à lui, a décidé de rester dans l'eau. Je n'ai pas besoin de le surveiller puisque ma mère nous a rejoints il y a déjà quelques instants. Elle est assise au bord de la piscine et discute avec les parents de Kim. Ce week-end de congé va lui faire du bien. Depuis que mon père n'habite plus avec nous, elle s'occupe de tout à la maison. Parfois, elle est si épuisée après sa journée de travail qu'elle s'endort devant le téléviseur même s'il est à peine 20 heures.

Pendant que Kim parle avec Sébastien, je porte plutôt mon attention sur Véronique. Elle est déjà en grande conversation avec Nick. On peut dire qu'elle ne perd pas de temps !

— Est-ce que tu sais qui j'ai croisé la semaine dernière ? Manolo ! raconte-t-elle avec enthousiasme.

— C'est vrai ? Je le croyais en France. Comment va-t-il ?

— Il va bien. Il est à Québec pour deux semaines chez sa tante qui demeure à Cap-Rouge. Il m'a dit qu'il passerait te voir bientôt…

— Super !

Nick se rend compte que je les écoute à distance. Il a la gentillesse de me donner quelques précisions sur ce garçon :

— Manolo est un grand ami à nous. Son père était aussi de la tournée de Rêve celtique.

— Ah bon ! Est-ce qu'il…

— Tu te souviens de la fois où Mano a caché le dentier de madame Agathe ? me coupe Véronique en éclatant de rire.

— Pendant une journée entière, notre prof nous a enseigné sans ses dents ! ajoute Nick en cachant les siennes pour nous donner une idée de la scène.

Sébastien et Kim éclatent de rire. J'en fais autant.

— Ça devait être pratique pour manger, rigole Sébastien. J'espère qu'il y avait du Jell-O au menu !

On pouffe de rire à nouveau. Véronique sourit à peine. Encore une fois, elle semble contrariée. Suis-je la seule à ressentir cela ? Je me fais peut-être des idées parce que Nick me plaît vraiment et que je me rends compte que je ne suis pas la seule à m'intéresser à lui…

Encore une fois, comme je m'y attendais, Véronique s'arrange pour attirer l'attention de Nick. Elle pose une main sur son épaule et la voilà qui reprend :

— Il y a aussi la fois où Mano s'est perdu dans le Musée du Louvre...

— En fait, il n'était pas vraiment perdu, précise Nick à mon intention. Il était seulement très bien caché. On peut dire que madame Agathe a eu une de ces frousses. Elle était certaine qu'il avait été kidnappé !

Les anecdotes concernant ce fameux Manolo se succèdent. Véronique a toujours une nouvelle histoire à raconter. Un vol en hélicoptère au-dessus du Grand Canyon où Manolo a joué le rôle de copilote, une balade en péniche sur les canaux à Amsterdam où madame Agathe a bien failli tomber à l'eau par la faute du jeune plaisantin...

C'est à peine si on peut placer un mot. Ils ont vécu une foule de choses ensemble tous les deux. Vivre avec quelqu'un aussi longtemps, ça crée forcément des liens. Nick paraît très heureux de se remémorer tous ces souvenirs.

— Et si on préparait une fête surprise à Mano ? suggère Véronique. Les quatre inséparables seraient à nouveau réunis !

— Oui… C'est une bonne idée ! Il faut en profiter pendant que Manolo est à Québec. Tu peux en parler à Justine ?

— Je m'en occupe…

— Véro ! Qu'est-ce que tu fais là ? tonne Brad, que je n'avais pas vu arriver, trop concentrée à observer Véronique faire son numéro de charme. Ça fait dix minutes que je te cherche ! Tu te souviens que je t'avais donné rendez-vous pour répéter ? ajoute le prof de danse sur un ton peu aimable.

— Le temps a filé sans que je m'en rende compte, se justifie-t-elle.

Je n'avais pas croisé Brad depuis le *feis* précédent, il y a quelques mois déjà. Cet homme, qui doit avoir à peu près l'âge de mon père, adore changer de look. La dernière fois, il était complètement chauve. Depuis, il a laissé pousser ses cheveux. Ça doit prendre une quantité incroyable de gel pour les faire tenir aussi haut sur sa tête ! Par chance, les côtés sont dégradés, sinon il aurait eu de la difficulté à passer dans le cadre de porte !

— C'est toujours pareil avec les jeunes ! bougonne-t-il. Bouge tes fesses et sois dans la salle de conférence dans cinq minutes, maximum !

Brad fait demi-tour sans même nous adresser la parole.

— À plus, Nick.

Encore une fois, Véronique nous ignore complètement.

— Il est bien bête, lui ! s'indigne Kim. Est-ce qu'il sait qu'il est prof de danse et non caporal dans l'armée ?

— Brad ne doit surtout pas remporter le duel, soupiré-je. T'imagines un peu s'il devient propriétaire de Triskel ? Notre vie va devenir un véritable enfer…

# 15
# Duel

Il est 15 h 25. Je dois me dépêcher si je ne veux pas manquer une minute de ce duel. Je suis montée à ma chambre en vitesse pour me changer. Hugo et Brad étant tous les deux d'excellents danseurs, ça promet d'être tout un affrontement ! Je me sens extrêmement nerveuse. Même si ce n'est pas moi qui dois danser, l'issue du duel va tout de même changer ma vie ! Dans quelques minutes à peine, je vais enfin savoir qui sera le remplaçant de madame Lessard.

J'enfile mon jeans bleu préféré et je choisis un chandail de laine blanc. Je l'adore, ce col roulé. Le lainage est hyper doux. Comme mes cheveux sont encore humides, je décide de me faire un chignon un peu lâche. Je me maquille rarement, mais la trousse de ma mère étant ouverte sur le comptoir, je m'empare du mascara. Voilà ! Maintenant, mes cils ont l'air deux fois plus longs et plus fournis ! Ça devrait plaire à Nick. Je regarde mon look dans le miroir plein pied à l'extérieur de la salle de bain. Tout est parfait. Il ne me reste qu'à enfiler mes bottes d'intérieur noires qui me montent à mi-mollet avant de sortir.

En entrant dans la salle de conférence, je suis surprise du nombre de spectateurs. Une centaine de chaises ont été disposées tout autour de la pièce, laissant suffisamment d'espace au centre pour une compétition de haut calibre. Les deux rivaux se trouvent déjà sur la piste de danse improvisée et font des exercices d'étirement. Ils ne semblent pas avoir le goût de discuter. Ils me font penser à deux boxeurs déterminés à gagner le combat, chacun observant son adversaire de son coin du ring. Espérons qu'ils ne se cogneront pas dessus !

Les deux hommes sont vraiment très différents, non seulement de caractère, mais aussi physiquement. Brad arbore une barbe de quelques jours qui lui donne un air un peu rebelle – à moins que ce ne soit le blouson de cuir qu'il porte sur un t-shirt noir et le jeans aux genoux effilochés qui fassent cet effet. S'il a l'air d'un type qui assiste à un concert rock, Hugo, lui, est plutôt habillé pour une sortie à l'opéra. Son pantalon noir de très belle coupe et sa chemise blanche parfaitement repassée, dont il a roulé les manches jusqu'aux coudes, lui confèrent un air très chic.

J'essaie de repérer mes amis. Kim est assise à côté de Sébastien au premier rang et je vois Nick dans un coin de la pièce. Il discute avec Véronique. J'hésite à les rejoindre. Je n'ai pas envie d'interrompre leur tête-à-tête. Puis, je me rappelle que Nick m'a donné rendez-vous. Cette idée me procure le courage nécessaire pour me diriger vers eux. Au passage, j'aperçois ma mère et les parents de Kim. Même les jeunes nageurs qui couraient autour de la piscine un peu plus tôt sont installés près de Tristan. On dirait que la nouvelle de ce duel a fait le tour de l'établissement en quelques heures à peine. Monsieur Martin, le propriétaire, est efficace !

Il y a tellement de monde que j'ai de la difficulté à me frayer un chemin. Sans le vouloir, je bouscule un homme... Oh non ! Pas encore lui ! C'est celui qui est à l'origine de la catastrophe de la salle à manger ! Il trouve la situation très drôle, contrairement à moi qui m'empresse de m'éloigner après avoir bredouillé des excuses. Je poursuis ma route pour rejoindre Nick et Véronique. Cette dernière ne semble pas très heureuse de me voir – et c'est réciproque ! Au moment où mon ami me salue, madame Lessard s'avance au centre de la salle. Elle a revêtu un short rouge feu par-dessus un legging noir. Un chandail laissant entrevoir ses épaules et des jambières complètent son look qui sort de l'ordinaire, c'est le moins qu'on puisse dire.

— Bonjour à tous ! Je suis très heureuse de vous voir en si grand nombre. J'aimerais d'abord vous présenter deux grands danseurs. Voici mon neveu Brad Mongeau, propriétaire de l'école Double Clic située à Québec. Cette école de danse irlandaise forme de jeunes danseurs de tous les niveaux.

La foule applaudit Brad, qui apprécie l'attention qu'on lui porte.

— Je vous présente également Hugo Levasseur. En plus d'enseigner la danse irlandaise depuis de nombreuses années, il a eu la chance de parcourir le monde avec la très célèbre troupe Rêve celtique.

Les applaudissements reprennent de plus belle. J'ai l'impression que bien des gens connaissent cette troupe, car plusieurs semblent impressionnés. Ça ne devrait pas me surprendre : puisque l'hôtel offre des tarifs préférentiels aux familles qui participent au *feis* ce week-end, il y a sûrement plein d'autres danseurs parmi les spectateurs.

— Si nous sommes réunis ici aujourd'hui, c'est que je dois prendre une décision importante. Un de ces hommes deviendra bientôt le nouveau propriétaire de l'école de danse dont je suis la directrice depuis près de quarante ans.

Les applaudissements retentissent une nouvelle fois.

— Merci. Puisque ce sont deux de mes anciens élèves et que je suis attachée à eux comme s'ils étaient mes propres enfants, il m'est impossible de trancher en faveur de l'un ou l'autre. J'ai donc eu l'idée de les faire danser devant vous pour que vous puissiez m'aider à prendre une décision. Vos applaudissements m'indiqueront le danseur que vous préférez.

— Quoi? s'écrie Brad. Ce sont eux qui vont nous juger? Mais le public ne connaît rien à la danse irlandaise!

— Qu'est-ce qui se passe, Brad? T'as l'air inquiet, tout à coup... Tu as peur de ne pas être à la hauteur? le provoque Hugo.

— Tu sais que c'est seulement un coup de chance si t'as remporté cette place dans la tournée...

— On s'en reparlera après le duel...

Certains spectateurs sifflent, appréciant déjà l'affrontement, alors que le spectacle n'est même pas encore commencé!

— Ouf... Ils n'ont pas l'air de s'aimer beaucoup tous les deux, fais-je remarquer à Nick.

— Ça a toujours été comme ça entre eux. Tout ce que mon père désire, Brad le veut aussi. J'ai l'impression que Brad est jaloux que mon père soit aussi proche de madame Lessard même s'ils n'ont aucun lien de parenté.

Madame Lessard a choisi une musique de *hornpipe*. Brad s'élance le premier et exécute quelques pas rapides. Il se déplace jusqu'au milieu de la piste, directement devant Hugo. Dès qu'il s'arrête, le père de Nick fait un déplacement de côté tout en répétant la même séquence, les mains sur les hanches et le sourire aux lèvres. Puis il ajoute un jeu de pied d'une rapidité exceptionnelle à la fin de son enchaînement. Lorsqu'il s'arrête, Brad reprend les devants et enchaîne une série de déplacement qui l'entraîne tout autour de la piste. Les spectateurs sifflent et lancent des paroles d'encouragement sur son passage. Les applaudissements fusent dès qu'un mouvement les séduit. C'est au tour d'Hugo. Il effectue plusieurs clics avant et arrière. Le rythme est tout simplement parfait ! Chaque son est extrêmement clair et très bien maîtrisé.

— Ton père est incroyable ! confié-je à Nick en applaudissant de toutes mes forces.

Hugo termine sa séquence de pas avec un mouvement de ciseaux qui passe à deux doigts du visage de Brad, l'obligeant ainsi à reculer. La foule applaudit de plus belle et il est clair que Brad n'est vraiment pas content de se faire humilier ainsi. Il devra trouver mieux pour impressionner le public.

Madame Lessard semble avoir bien du plaisir à regarder ses élèves préférés livrer l'une des plus belles performances de leur vie. Ça doit lui rappeler de bons souvenirs. Les deux hommes donnent tout ce qu'ils ont pour conquérir le cœur des spectateurs.

Brad se déplace maintenant dans notre direction. J'ai l'impression qu'il a le regard fixé sur moi. Il peut être vraiment intimidant quand il s'y met! Je détourne les yeux et je m'aperçois que Véronique n'est plus à côté de Nick. Où est-elle partie? Elle a probablement trouvé un endroit offrant une meilleure vue sur les danseurs. Bon débarras!

Les hommes transpirent à grosses gouttes. Ça doit faire plus de dix minutes qu'ils dansent à tour de rôle sans s'arrêter. Ça semble peu, mais la danse irlandaise est très exigeante pour le système cardiovasculaire. Malgré tout, les adversaires réussissent à éblouir les spectateurs. Leur technique est parfaite!

Le rythme accélère et c'est là que deux danseuses entrent en scène, prenant la foule par surprise. Les acclamations fusent de toutes parts lorsque Brad et les deux filles exécutent une chorégraphie qui a de toute évidence été préparée.

— C'est Véro ! m'exclamé-je en reconnaissant celle qui était à nos côtés il y a un instant à peine. Qu'est-ce qu'elle fabrique ?

Nick est sans mots. Il est aussi surpris que moi de voir son « amie » sur le plancher de danse...

— Comment peut-elle faire une chose pareille à ton père ?

— Je crois que Brad a encore imaginé un stratagème pour contourner les règles, laisse tomber Nick avec découragement.

Voir les danseurs évoluer seuls sur la piste était déjà très impressionnant, alors maintenant qu'ils sont trois, l'effet visuel est bien plus spectaculaire, je dois l'avouer. Les danseuses étant placées de part et d'autre de Brad, on peut voir à quel point tous leurs mouvements sont parfaitement synchronisés.

Je cherche Kim des yeux et nous échangeons un regard consterné ; elle et Sébastien semblent aussi inquiets que nous devant cette surprise de dernière minute. Il est évident que les garçons n'hésiteraient pas à donner un coup de main à Hugo pour que le duel soit équitable, sauf que le temps d'aller chercher leurs souliers de danse, il sera tout simplement trop tard. Lorsque le trio dépose avec force le pied bien à plat sur le sol, un *bang* retentissant met fin à leur numéro. Plusieurs spectateurs se lèvent pour les ovationner.

Hugo s'apprête à s'élancer à son tour. Il hésite un instant, puis décide plutôt d'applaudir ses adversaires.

— NON ! Ton père ne va pas abandonner ?

— Je crois qu'il ne peut pas faire beaucoup plus pour impressionner le public...

— Mais c'est de la triche !

Madame Lessard rejoint ses élèves au centre de la scène improvisée tandis que le public n'en finit plus d'applaudir. De toute évidence, ils ont adoré le spectacle. Elle patiente jusqu'à ce que le calme revienne dans la salle.

— Je voudrais d'abord remercier Hugo et Brad. Vous nous avez offert une prestation que je ne suis pas prête d'oublier ! Vous avez été sensationnels tous les deux. Nous avons aussi eu droit à une belle surprise. Des élèves de l'école de danse Double Clic se sont jointes à leur enseignant pour nous démontrer leur savoir-faire. Merci à vous, les filles.

Véronique et sa camarade saluent, puis disparaissent à travers la foule.

— Puisque seuls les hommes doivent être évalués, je vous demanderais de ne pas tenir compte de la performance des jeunes filles.

Je suis heureuse que madame Lessard le mentionne au public. Selon moi, Hugo a été beaucoup plus fort sur le plan de la technique et de la précision des mouvements. Si je devais choisir un gagnant, ce serait Hugo sans hésiter. Par contre, la foule aura de la difficulté à oublier la performance du trio. C'était bien joué de la part de Brad.

— C'est le moment tant attendu. Selon vous, qui de monsieur Levasseur ou de monsieur Mongeau a réussi à vous impressionner ? Je demanderais à tous ceux qui ont préféré le numéro de monsieur Levasseur de bien vouloir applaudir, s'il vous plaît…

Je frappe des mains le plus fort que je peux ! Je suis heureuse de constater que la majorité des gens dans la salle en font autant. Il y a peut-être de l'espoir après tout !

— Et maintenant, j'aimerais entendre tous ceux qui ont préféré monsieur Mongeau.

Les applaudissements augmentent en intensité et des sifflements retentissent dans la salle. Il ne fait aucun doute que Brad a remporté le duel. Les deux rivaux se donnent la main, puis madame Lessard embrasse le gagnant.

— C'est vraiment injuste ! Nick, dis-moi que je suis en train de rêver et que tout ça n'est qu'une mauvaise blague !

Nick secoue la tête. Il semble aussi déçu que moi…

# 16
# Humeur changeante

—Ne fais pas cette tête, Maélie ! La situation n'est pas aussi épouvantable que tu le crois, m'encourage ma mère.

—Ce n'est pas toi qui vas être obligée de supporter Brad à chaque cours de danse...

Je me déplace de quelques centimètres pour sentir le jet d'eau entre mes omoplates. Afin de me remonter le moral, ma mère a eu l'idée de m'entraîner dans le spa. Elle pense que ça va me relaxer un peu. Elle trouve que j'ai les nerfs en boule et je suis obligée d'admettre qu'elle a bien raison. Pour me détendre et me changer les idées, j'ai essayé de dessiner un peu dans mon carnet, mais je l'ai refermé au bout de quelques minutes en constatant que je n'arrivais qu'à faire des gribouillis. Depuis l'issue du duel, je suis d'une humeur massacrante. J'ai l'impression que ma vie est finie ! Même mon frère préfère m'éviter. Je l'aperçois qui s'amuse avec Kim, Nick et Sébastien dans la piscine.

— Qu'est-ce qui te déplaît tant chez cet homme ? Après la prestation qu'il vient de faire, tu ne peux pas prétendre que c'est un mauvais danseur...

— Je ne remets pas en question ses qualités de danseur, maman. C'est plutôt de son honnêteté dont je doute. Brad n'a pas hésité une seconde à défier les règles de madame Lessard pour remporter le duel. Si c'était moi qui avais jugé cette compétition, il aurait été disqualifié !

— Parfois, faire preuve d'audace est payant...

J'ai l'impression que ma mère essaie d'excuser le comportement du gagnant et ça m'énerve ! Elle ne me fera pas changer d'idée : Brad est un tricheur ! Et dès qu'il prendra la place de madame Lessard, je devrai l'endurer une journée sur deux puisqu'il sera le nouveau propriétaire de Triskel. Le pire, c'est que je ne peux rien faire pour changer ça !

Je jette un coup d'œil vers la piscine. Mon frère fait une passe à Nick. Celui-ci manque de peu le ballon, qui sort de la piscine et roule jusqu'au spa. Nick se hisse d'un bond hors de l'eau, puis se dirige vers nous.

— Tu viens jouer ? me demande-t-il.

— Bof… Je n'ai pas vraiment le goût. Comment va ton père ? Il n'est pas trop déçu d'avoir perdu le duel ?

Nick lance le ballon à Tristan et s'assoit sur le rebord du spa.

— Crois-moi, il aurait aimé gagner. Mon père a de très beaux souvenirs de l'école Triskel. Il projetait déjà de rafraîchir la décoration et de faire un peu de publicité pour attirer un maximum de nouveaux élèves. Il rêve depuis longtemps de monter une troupe avec des élèves intéressés à faire de la compé de groupe…

— Ç'aurait été vraiment cool ! Je doute que Brad en fasse autant pour Triskel. Sais-tu quand madame Lessard quittera définitivement l'école ?

— Non, mais c'est une question de jours avant que les papiers ne soient officiellement signés.

— Alors il sera probablement en poste dès le début janvier, fait remarquer ma mère.

Je grogne pour montrer mon mécontentement.

— Bon, je vous laisse, tous les deux. Tu arriveras peut-être à faire mieux que moi pour lui remonter le moral, glisse ma mère à l'intention de Nick.

Elle nous salue puis va s'étendre sur une chaise longue près de la piscine.

Nick quitte le rebord du spa pour s'immerger dans l'eau jusqu'au cou. Il s'installe en face de moi et me sourit.

Je crois que ce qui me peine le plus dans toute cette histoire, c'est de savoir que j'aurais pu voir Nick plusieurs fois par semaine si Hugo avait remporté cette compétition. Est-ce que Nick aura encore envie de me voir lorsque le week-end sera terminé ? Cette pensée me trotte sans cesse dans la tête.

— Je peux te poser une question ? me demande Nick.

— Oui, vas-y !

— Est-ce que t'aimerais qu'on fasse quelque chose ensemble tous les deux lorsqu'on sera de retour à Québec ?

Mon cœur bat à toute allure. Nick a envie de me revoir !

— Genre... une soirée au cinéma ?

— Oui, pourquoi pas ?

— Ce serait super !

Son pied s'approche du mien sous l'eau et je sens ses orteils toucher ma cheville. Un courant électrique monte tout le long de ma jambe. Ce seul contact arrive à me faire oublier les dernières heures... et tout ce qui se passe autour de nous. Comme si nous étions seuls au monde...

Mais cette impression ne dure qu'un instant, car j'entrevois des pieds sur le bord du spa. Un vernis rouge vif a été soigneusement appliqué sur chaque ongle d'orteil. Lorsque je lève les yeux pour voir qui vient s'interposer dans notre conversation, j'aperçois nulle autre que Véro. Oh non ! Pas elle ! Elle porte cette fois un maillot une pièce multicolore qui s'attache au cou. Elle a encore un look d'enfer. Argh !

— Je peux te parler, Nick ? commence-t-elle en prenant place aux côtés de mon ami sans y avoir été invitée.

Elle est pratiquement collée sur lui. C'est une vraie sangsue, cette fille ! Tant qu'à y être, pourquoi ne s'assoit-elle pas sur ses genoux ? Nick semble furieux. Sans un mot, il se lève et vient s'asseoir sur le siège près de moi.

Véronique me regarde de travers. Elle n'est visiblement pas très heureuse que j'assiste à ce différend entre eux. Pense-t-elle vraiment que je vais sortir du spa pour leur permettre de jaser en tête à tête ? Elle peut toujours rêver !

— Qu'est-ce qui se passe ? lui demande-t-il d'un ton froid.

— Je voulais m'excuser... pour tout à l'heure.

— Tu veux me faire croire que tu es désolée d'avoir aidé Brad à remporter le duel ? réplique

Nick en fronçant les sourcils d'un air contrarié. Pourtant, t'avais l'air très heureuse de faire ce numéro...

Toute chaleur a disparu de sa voix. Il est évident qu'il n'a pas apprécié que Véro et l'autre danseuse interviennent dans le numéro de Brad.

Elle détourne les yeux.

— Ouais... Disons que Brad m'a un peu forcé la main. C'est pour répéter cette chorégraphie qu'il est venu me chercher à la piscine cet après-midi. En fait, il m'avait dit qu'on danserait les uns contre les autres. Lui, Noémie et moi contre Hugo, Sébastien et toi. Je me suis rendu compte seulement sur la piste de danse que ce n'est pas ce qui avait été prévu...

Nick regarde au loin sans rien répondre.

— Je suis désolée pour ton père. Tu sais comme je vous aime tous les deux. Je n'ai jamais voulu lui nuire. Avoir su, j'aurais refusé de faire ce numéro.

Je serre les dents. Est-ce que c'est une déclaration d'amour, ça ? Je me sens maintenant de trop dans le spa. Comme la cinquième roue du carrosse...

— Eh bien, c'est trop tard ! Le mal est fait, conclut Nick en sortant du bassin.

Je ne vais sûrement pas m'attarder une minute de plus avec elle. Je sors du spa sans même la saluer et je rejoins Nick afin de lui remonter le moral.

Finalement, cette journée ne sera peut-être pas aussi moche que je le pensais…

# 17

# Jour J

Le cadran sonne. Il est 6 heures. Même si c'est tôt pour sortir du lit, je me lève de très bonne humeur. C'est aujourd'hui qu'a lieu la compétition et je dois me préparer.

— Debout, les paresseux !

J'ouvre les rideaux et les rayons de soleil vont chatouiller les yeux de ma mère qui dort dans le lit voisin. Mon frère, enveloppé dans ses couvertures sur le divan-lit, ronchonne que c'est de la torture de se lever à une heure pareille. Il soulève son oreiller et le pose sur sa tête pour bloquer la lumière.

Tristan n'est vraiment pas content de se faire réveiller ce matin. Ce n'est un secret pour personne : il déteste assister aux compés. Dormir à l'hôtel pour quelques jours ne lui déplaît pas, bien au contraire, sauf que pour lui, une journée passée à me regarder danser est une journée perdue. Mon frère n'a aucun intérêt pour la danse irlandaise.

—Encore cinq minutes et je te rejoins, marmonne ma mère en entrouvrant les yeux.

Elle aime bien paresser au lit le matin.

De toute façon, je n'ai pas besoin de son aide. Il y a longtemps que je suis capable de me coiffer toute seule. Surtout depuis qu'elle m'a acheté le postiche que je porte en compétition. Ça peut sembler surprenant, mais je suis loin d'être la seule danseuse à en posséder un. La plupart portent un postiche long, plus ou moins bouclé, ou encore en forme de gros chignon. Moi, je préfère ce dernier qui donne un air plus naturel et qui s'installe en un tournemain.

Je me dirige vers la salle de bain et commence à me maquiller. Je n'ai pas l'habitude de mettre du fond de teint, du fard à paupières et du rouge à lèvres. Je me préfère au naturel, ou presque... Mais pour une compétition, je m'impose ce rituel. Le fond de teint doit être appliqué non seulement sur le visage, mais aussi sur les jambes pour qu'elles aient l'air bien bronzées. J'ai déjà étalé le fond de teint liquide hier soir avant de me coucher pour éviter de perdre du temps à attendre que le produit sèche ce matin. Avec son teint foncé, Kim peut sauter cette étape et sauver un bon dix minutes de préparation, la chanceuse!

Après avoir appliqué un dégradé d'ombre à paupières de teinte grise, j'entoure mes yeux d'une ligne de crayon noir. Puis je mets un peu de mascara et des brillants aux reflets argentés sur le coin externe de l'œil. Les premières fois, j'avais de la difficulté à obtenir un résultat à mon goût. Mais je me suis beaucoup améliorée avec le temps, grâce aux conseils des autres danseuses plus avancées. Puisque je n'ai pas encore déjeuné, je décide de reporter à plus tard l'application du rouge à lèvres.

Je peux maintenant m'occuper de mes cheveux. Pour commencer, je fais une queue de cheval sur le dessus de ma tête. J'utilise ensuite un beigne à cheveux et des pinces pour faire tenir ma tignasse autour.

—Tu veux que je t'aide? m'offre ma mère qui a réussi à sortir du lit.

—Oui. Merci!

Elle installe le postiche de cheveux frisés roux sur le chignon que je viens tout juste de terminer. Les cheveux artificiels ont exactement la même couleur que mes cheveux naturels. Un élastique permet de faire tenir le faux chignon bien en place. Ma mère le fixe plus solidement avec d'autres pinces à cheveux. Pour finir, elle décore le tout avec des fleurs rouges, qui rappellent la couleur de ma robe.

— Est-ce que c'est bien solide ? veut vérifier ma mère.

Je secoue la tête dans tous les sens pour voir si le postiche est bien attaché.

— C'est parfait.

— As-tu bien dormi ? Je me suis réveillée à plusieurs reprises et j'ai l'impression que tu passais ton temps à te tourner de tous les côtés…

— J'ai rêvé à la compétition toute la nuit. En fait, c'étaient plutôt des cauchemars. J'arrivais en retard… Je ne trouvais plus mes bas… J'étais incapable de détacher mes lacets pour enlever mes souliers… J'espère que ce n'étaient pas des rêves prémonitoires !

— Ne sois pas inquiète, tout va bien se passer.

Une sonnerie se fait entendre sur mon iPhone, interrompant les encouragements de ma mère. Kim m'a écrit un message :

**Chocolat chaud ?**

Je lui réponds aussitôt :

**Bonne idée !**

J'informe ma mère que je vais rejoindre mon amie à la salle à manger.

— Je réveille ton frère et on descend dès qu'on est prêts.

— D'accord, à plus !

Vêtue d'une simple camisole et d'un legging, j'enfile ma veste à l'effigie de mon école de danse. L'air conditionné me donne des frissons. J'attrape la carte magnétique avant de quitter la chambre. En sortant de l'ascenseur, je me rends directement à la salle à manger.

— Bonjour, jeune fille. Tu es très en beauté ce matin ! me complimente monsieur Martin.

— C'est gentil.

— Tu peux prendre la table de ton choix.

— OK, merci !

Je vais d'abord me servir au buffet. Je verse de la pâte dans le gaufrier et referme le couvercle. En attendant que ma gaufre soit prête, je me dirige vers la distributrice de chocolat chaud. Kim arrive à cet instant. Comme moi, elle est déjà coiffée et maquillée. Un diadème incrusté de pierres étincelantes est fixé sur son faux chignon brun foncé. Derrière sa nuque, une barrette sertie de cristaux brillants retient quelques mèches naturelles qui ont tendance à frisotter. Kim a pris le temps de dessiner une ligne de crayon noir au-dessus de ses grands yeux très foncés. Elle est très jolie.

— T'as vu les garçons ? me questionne-t-elle.

— Tu veux savoir si j'ai vu Sébastien ? la taquiné-je. Non, pas encore.

— J'aurais dû lui demander à quelle heure il participe à la compétition. J'espère que j'aurai l'occasion de le voir danser !

Elle regarde à nouveau pour voir s'il ne serait pas déjà dans la salle à manger.

— À ce que je vois, Hugo est un lève-tôt !

Je jette un œil dans la direction qu'elle me désigne d'un mouvement de la tête. Hugo est très élégant ce matin. Il porte une chemise lilas et un pantalon noir. Il est installé au bar, à l'autre bout de la salle à manger. S'il m'a vue, il n'est pas surprenant qu'il demeure à distance… Il veut sûrement éviter qu'il arrive malheur à sa belle chemise !

— Je vais me tenir loin d'Hugo, aujourd'hui. Je m'en veux tellement de gâcher sa fin de semaine avec Nick.

— Tu gâches peut-être son week-end, mais sûrement pas celui de son fils ! Je crois même que tu l'améliores… C'est assez évident que Nick aime bien être avec toi.

— Tu crois ?

— Dès qu'il te voit, il va vers toi. Ce n'est pas comme Sébastien… Parfois, j'ai l'impression qu'il s'intéresse à moi, et à d'autres moments, je ne sais plus… Nous avons discuté pendant plus d'une heure hier soir après que je suis descendue à la salle de jeux.

— C'est super, ça !

— Oui, mais quand Véro se trouve dans les parages, il me fait suer royalement ! On dirait qu'il ne remarque même plus que j'existe !

— Attends que Sébastien te voie dans ta nouvelle robe ! Je suis certaine que tu vas l'éblouir !

— J'espère que t'as raison. J'ai hâte d'être là-bas. Bon ! Et si on se préparait ? T'as apporté ce qu'il faut ? me demande Kim qui reporte son attention sur moi.

— Tout est dans mon sac !

Avant chaque compétition, mon amie et moi avons une tradition. Nous apposons un tatouage temporaire au dos de notre main gauche. Avec le temps, nous en sommes venues à croire que ce signe nous porte chance. Puisque nous sommes en compétition l'une contre l'autre, il nous rappelle également que l'amitié est plus importante que tout. Kim enlève la pellicule de protection et dépose le symbole sur le dessus de sa main. Je fais de même avec celui qu'elle me tend. Elle utilise le coin d'une serviette de table trempée dans son verre d'eau pour imbiber le papier-transfert. Lorsqu'elle a terminé, je répète l'opération sur ma main et soulève délicatement un coin du papier pour être certaine que le dessin a bien été transféré.

— Tout est parfait !

Le triskel est en place et il est identique à celui de mon amie. Le motif celte traditionnel est formé de trois spirales qui s'entrecroisent en un point central.

— Ça va ? s'inquiète Kim. Tu sembles préoccupée.

— Tu sais, c'est notre dernier *feis* sous la supervision de madame Lessard. La prochaine fois, ce ne sera plus pareil…

Avant que Kim ait pu dire quoi que ce soit, Véronique passe près de nous. Il est évident qu'elle participe également à la compétition puisqu'elle est coiffée d'une toque aux boucles noires. Une barrette garnie de pierres précieuses et une immense fleur turquoise agrémentent sa coiffure. Son maquillage produit un effet dramatique parfaitement réussi. Son ombre à paupières foncée et intense agrandit ses yeux verts. Ses lèvres pulpeuses sont d'un rouge cerise. Une fois de plus, je remarque qu'elle fait tourner bien des têtes sur son passage.

J'aurai probablement à affronter Véronique aujourd'hui puisqu'elle a le même âge que Kim et moi. À moins qu'elle ne soit déjà rendue au niveau *prelim* ?

Véro s'arrête devant nous. L'odeur du bacon, des saucisses, des œufs et des patates rissolées qui s'empilent dans son assiette me donne l'eau à la bouche. Mais qu'est-ce qu'elle veut? Ça me surprendrait qu'elle ait le goût de déjeuner en notre compagnie.

Avant que j'aie pu dire un seul mot, elle regarde nos tatouages en plissant le nez.

—Vous croyez vraiment que ces trucs collants vont vous porter chance? Je ne compterais pas trop là-dessus, ricane-t-elle.

—De quoi je me mêle? riposte Kim, insultée par les propos de Véronique.

—Alors, les filles, prêtes pour la compé? demande Brad qui se joint à nous sans y avoir été invité.

De toute évidence, il a noté les tatouages sur nos mains.

—Quand je prendrai la place de madame Lessard, il faudra penser à changer cette image...

—Et pourquoi? lui demandé-je.

—On en reparlera plus tard. Je dois vous laisser...

Avant de faire demi-tour, il jette un œil à l'assiette que Véronique tient toujours dans ses mains.

— Pas question que tu manges autant de gras avant la compétition ! proteste-t-il en saisissant son assiette.

Il fait quelques pas et balance son contenu à la poubelle.

— Tu vas choisir des fruits, du yogourt et une tranche de pain grillé sur laquelle tu peux mettre du beurre d'arachide ou des cretons.

Véronique n'a pas l'air très heureuse de s'être fait prendre en défaut ; elle fait tout de même demi-tour docilement et se dirige à nouveau vers le buffet. Cet air soumis ne lui ressemble pas. Elle est plutôt du genre à toujours avoir le dernier mot. Comme elle est l'élève de Brad depuis plusieurs années, elle doit sûrement bien le connaître. J'ai la nette impression qu'il est inutile d'argumenter avec lui. Tandis qu'il s'éloigne de son côté, je confie à mon amie :

— Puisque c'est peut-être le dernier *feis* où on pourra manger ce qu'on veut, profitons-en ! Ma gaufre doit sûrement être prête. Avec une double portion de bacon et du sirop d'érable, ce sera excellent ! Tu viens ? Je meurs de faim !

# 18
# Changement à l'horaire

L'école secondaire où a lieu la compétition est à cinq minutes à peine de l'hôtel. Il y a tellement de voitures dans le stationnement que ma mère doit faire le tour de l'école pour trouver une place libre. Heureusement que nous sommes partis tôt ! Elle ouvre le coffre de la voiture et j'agrippe la housse qui protège ma robe. De l'autre main, j'attrape la valise contenant tout ce dont j'ai besoin pour la compétition. Ma mère s'occupe de la miniglacière. Elle apporte toujours suffisamment de collations et de jus en boîte pour nourrir une armée ! Quant à mon frère, il prend son iPod et son ballon de soccer. Deux éléments indispensables si on veut éviter de l'entendre se plaindre toute la journée.

Dès que nous sommes à l'intérieur, je me dirige vers la table des inscriptions. La dame assise derrière me demande en souriant :

— *What's your name*[1] ?

— Maélie Laframboise.

La dame a manifestement de la difficulté à me comprendre. Je le lui répète en séparant chaque syllabe :

— LA-FRAM-BOI-SE.

Elle cherche parmi les cartons placés devant elle dans l'ordre alphabétique. Lorsque je vois celui portant mon nom, je lui fais signe qu'il s'agit du bon.

— *Here it is*[2] *!* s'exclame-t-elle.

La femme me remet un carton sur lequel est inscrit un numéro. Celui-ci servira à m'identifier auprès des juges. Alors que je cherche une place pour nous installer, j'entends la voix de Kim.

— Maé ! Par ici !

Mon amie me fait de grands signes de la main. Ma mère, mon frère et moi la rejoignons.

— Nous sommes installés au fond du couloir là-bas. Suivez-moi !

Nous passons devant les tables des commerçants. Des souliers de danse, des vêtements de sport, des postiches de toutes les couleurs, des barrettes, des couronnes chargées de pierres

---

1 Quel est votre nom ?
2 Le voici !

brillantes et des CD de musique irlandaise ne sont que quelques-uns des objets que j'ai le temps d'apercevoir en passant. Je me promets de revenir faire un tour dans la journée.

Nous bifurquons à gauche dans un corridor et le volume de la musique s'intensifie. Nous approchons du gymnase. C'est là que nous danserons.

Lorsque nous passons devant les portes ouvertes, je jette un coup d'œil à l'intérieur du gym. La compétition est commencée. Les débutants passent toujours en premier, c'est pourquoi il y a déjà des centaines de jeunes danseurs sur place. Un violoniste et une claviériste jouent une mélodie irlandaise. Je reconnais un *slip jig*, seule danse interprétée uniquement par les filles.

Trois scènes sont installées d'un côté du gymnase. Des tapis gris et du ruban noir délimitent chaque espace qui fait environ huit mètres de large par six mètres de profondeur. Un juge est attablé devant chaque scène. De l'autre côté du gymnase, des estrades permettent aux spectateurs d'avoir une bonne vue sur la compétition.

Il fait chaud, ici ! Le gymnase est bondé et c'est plutôt cacophonique, comme ambiance. Dans tous les coins, des danseuses se maquillent, d'autres s'échauffent, des gens discutent, des enfants crient et courent parmi la foule bruyante.

De nombreuses familles se sont installées directement dans le gymnase avec leurs chaises pliantes ou des couvertures déposées à même le sol. Plusieurs glacières traînent ici et là – on se croirait presque sur un terrain de camping ! Et tout ça, tandis que des danseurs s'exécutent à tour de rôle devant les juges. Il n'est pas toujours facile de garder sa concentration dans cette ambiance survoltée, mais on s'y fait, avec le temps.

— Suivez-moi ! J'ai trouvé un coin où on sera plus tranquilles, nous invite Kim.

Elle prend ma valise et nous entraîne à l'extérieur du gymnase.

Je suis contente que mon amie nous ait déniché un endroit plus calme. Avec tout le bruit qui règne là-dedans, j'étais partie pour une bonne migraine. Et dire que ce sera deux fois pire quand les danseurs troqueront les souliers souples pour les souliers durs !

En nous dirigeant vers la sortie, nous croisons Véronique. Elle est déjà habillée pour danser. Sa robe est époustouflante ! Même si je ne porte pas cette fille dans mon cœur, je ne peux m'empêcher de la complimenter :

— Wow ! Ta robe est magnifique !

— C'est une confection Brenda Miller, annonce-t-elle d'un ton hautain.

— Pour de vrai ? admire Kim, en pâmoison.

— Évidemment !

Toutes les danseuses rêvent d'avoir une robe dessinée par cette styliste. Ses modèles sont tout simplement incroyables ! Par contre, bien peu peuvent s'offrir ce luxe : la moindre de ses créations coûte au minimum deux mille dollars... Brenda Miller est mon idole ! Cette designer a tellement de talent ! Je rêve de la rencontrer un jour et qu'elle m'invite à faire le tour de son atelier. Ce serait génial !

— Est-ce bientôt notre tour ? demande Kim à Véronique.

— Je viens de vérifier et il y a du retard. Au moins une dizaine de groupes avant le nôtre, nous informe-t-elle en faisant demi-tour sans même nous saluer.

Près de chaque plateau, l'ordre des danses est inscrit sur un grand carton collé au mur.

— Bon, nous avons tout notre temps pour nous préparer, lance Kim qui m'entraîne au bout du couloir, ma mère et mon frère sur les talons. Mes parents sont juste là !

Assis sur des chaises de camping au milieu du corridor, les parents de mon amie nous saluent. Ma mère discute un peu avec eux alors que je cherche un endroit où accrocher ma robe. La plupart des casiers sont cadenassés, mais j'en repère un vide. Parfait !

Ma mère déroule la couverture de pique-nique qu'elle a apportée et Tristan s'y installe pour jouer avec son iPod. Pendant ce temps, j'ouvre ma valise et cherche mes bas dans mon sac de danse. Lors des compétitions, les danseuses doivent porter des bas blancs à texture gaufrée qui montent à mi-mollet.

— Oh non ! J'ai oublié ma colle ! s'affole Kim.

Le contenu de son sac de danse est éparpillé sur le sol.

— Tiens, prends la mienne.

— Ouf, merci !

Mon amie utilise l'embout à bille pour étendre un peu de colle autour de sa jambe à mi-mollet. Cela permettra au bas de demeurer bien en place pendant toute la compétition.

— Est-ce que les deux bas sont à la même hauteur ? me demande-t-elle.

— Oui, c'est parfait !

Dès qu'elle a terminé, je récupère ma bouteille et procède à la même opération.

— Wow ! Kim, ta robe est encore plus belle que sur la photo ! m'exclamé-je lorsque mon amie la retire de sa housse de protection.

— Merci ! La tienne aussi est très belle.

J'adore ma robe. Je l'ai choisie car le rouge est ma couleur préférée. Des motifs triangulaires et des pierres brillantes ornent les manches et l'encolure en velours noir. Quant à la jupe, le tissu à paillettes rouge vif scintille sous la lumière et donne un effet éblouissant.

J'enfile ma robe par-dessus la camisole et le short que je portais sous mes vêtements à mon arrivée. Une fois ma robe bien en place, Kim remonte ma fermeture éclair. Puis elle fixe au bas de mon dos un magnifique motif celtique. De forme circulaire, ce dernier est brodé sur un tissu de velours et décoré de pierres étincelantes.

C'est à mon tour d'aider mon amie avec sa fermeture éclair. La nouvelle robe de Kim possède une cape vert pomme que je fixe de part et d'autre de la fermeture éclair à l'aide de velcros. Mon amie est très jolie !

Soudain, Kim me fait sursauter lorsqu'elle s'écrie en faisant de grands gestes :

— Sébastien !

Notre nouvel ami, qui passait au bout du corridor où nous sommes installés, revient sur ses pas et se dirige vers nous.

— Hé ! Je vous cherchais, justement ! Une chance que tu m'as fait signe, Kim. Un peu plus et je ne te reconnaissais pas ! Tu sais que tu es magnifique ?

Mon amie semble aux anges. Elle a le sourire fendu jusqu'aux oreilles.

— Tu es très chic toi aussi, lui répond-elle.

Sébastien porte une chemise et un pantalon noirs. La cravate rouge et la veste sans manche sur laquelle sont brodés plusieurs motifs celtiques rouges lui donnent un air très chic.

— À votre place, j'irais tout de suite au gym. Il y a eu des changements sur les plateaux.

— Quoi ? m'énervé-je en sentant mon cœur accélérer. Je croyais qu'il y avait du retard ! C'est encore une de tes blagues ?

— Nick vient de me texter. Tu veux voir ? dit-il en brandissant son cellulaire sous mes yeux.

Il tient l'objet si proche de mon nez que je dois loucher pour regarder ce qui est inscrit. Merde ! Pour une fois, Sébastien est sérieux.

Est-ce que Véro était au courant pour ce changement d'horaire ? Je ne peux pas croire qu'on va manquer la première danse à cause d'elle !

# 19

# Dansons !

Heureusement, nous sommes presque prêtes. Il ne me reste qu'à attacher mes souliers souples, ce que je réussis en un temps record. Kim a plus de difficulté. Elle veut faire vite mais elle ne parvient qu'à faire des nœuds dans ses lacets.

Enfin, nous nous élançons vers le corridor principal.

— Hé ! Vos cartons d'identification ! nous interpelle ma mère.

Paniquées, nous faisons demi-tour. Il est essentiel que ceux-ci soient accrochés bien en évidence sur nos robes.

— Maman, tu peux m'aider ?

Je lui tends mon carton et deux épingles à couche. Elle le fixe rapidement à l'avant de la jupe à la hauteur de mes hanches.

Évidemment, Kim a égaré le sien. Pour une seconde fois en moins de vingt minutes, elle vide le contenu complet de son sac sur le sol. Elle récupère enfin son carton. Sa mère lui offre de tout ranger et mon amie m'entraîne vers le gymnase. Avant de tourner le coin du corridor, elle fait un arrêt brusque et je manque la percuter de plein fouet. Elle se tourne vers Sébastien qui discute avec un autre danseur.

—Hé, Seb, merci pour l'information ! Au fait, où danses-tu ?

—À l'auditorium !

Il ne fait aucun doute que mon amie essaiera d'aller le voir danser plus tard.

Mais si Sébastien danse à l'auditorium, Nick et son père doivent s'y trouver également. Alors comment Nick peut-il être au courant des changements qui ont été apportés sur les plateaux du gymnase ?

Je laisse de côté mes questionnements et fonce vers le gym avec Kim. Habituellement, je prends le temps de m'échauffer avant de danser. C'est important pour éviter les blessures et préparer mes muscles à travailler, sauf qu'aujourd'hui, je dois oublier ça. La programmation a bel et bien été modifiée. Cela arrive lorsqu'il y a trop de retard sur un plateau par rapport aux autres. Avec soulagement, nous constatons que nous arrivons juste à temps !

Madame Lessard, qui nous cherchait, paraît très heureuse de nous apercevoir.

— Ah ! Vous voilà ! Dépêchez-vous de rejoindre les autres, votre groupe est en attente. Bonne chance, les filles !

Nous nous présentons près de la scène 2, où une dame prend les présences. Ensuite, elle nous dirige vers les sièges installés entre les plateaux. Je prends place à côté de Véronique. Cette dernière est donc du même niveau que nous, comme je le croyais. Kim s'installe un peu plus loin sur un siège libre et profite de l'attente pour fixer son numéro d'identification sur sa robe. Quant à ma voisine, elle ne semble pas contente de nous voir arriver. Peut-être espérait-elle qu'il y ait deux participantes en moins pour cette danse ?

— C'était trop gentil de nous mettre au courant des changements sur les plateaux... laissé-je tomber avec ironie.

— Ils viennent tout juste d'en faire l'annonce, se défend-elle.

— Peu importe. La prochaine fois, je m'occuperai de vérifier par moi-même où en est la compétition.

— S'il y a une prochaine fois...

— Qu'est-ce que tu veux dire ?

— Puisque Triskel va bientôt fermer ses portes, c'est probablement ta dernière compétition. À moins que tu décides de t'inscrire chez Double Clic ?

— De quoi tu parles ? Triskel va changer de propriétaire. Il n'a jamais été question que l'école cesse d'exister !

— Pourquoi est-ce que tu penses que Brad tenait tant à racheter cette école ? Il n'a rien à faire de Triskel. Tout ce qu'il veut, c'est que Double Clic devienne LA référence à Québec.

Brad aurait-il vraiment l'intention de fermer Triskel ? Je sens la panique monter en moi. Une telle chose est-elle possible ? Je regarde Véronique en essayant de découvrir si elle me révèle tout ça seulement pour me déstabiliser. La connaissant, elle a probablement inventé cette histoire de toutes pièces pour me faire perdre ma concentration. Ce serait bien son genre…

Soudain, je me remémore le commentaire de Brad lorsqu'il a remarqué nos tatouages temporaires ce matin : « Il faudra penser à changer cette image… » Son idée serait de fermer Triskel pour recruter les danseurs chez Double Clic ? Véronique aurait donc dit vrai ? Je ne sais plus quoi penser.

— C'est lui-même qui me l'a dit pour me persuader de danser hier, reprend celle-ci. C'est ce qui m'a convaincue qu'il valait la peine de livrer une super performance. Tu n'as qu'à lui poser la question si tu veux en avoir le cœur net.

— Qu'est-ce que ça t'apporte, à toi, que Triskel ferme ses portes ?

— Pas grand-chose... Mais je savais que ça t'embêterait et c'était suffisant pour que j'accepte son offre.

— Qu'est-ce que je t'ai fait pour que tu t'en prennes à moi comme ça ?

— Rien. Par contre, Nick semble s'intéresser à toi et ça, ça me déplaît au plus haut point...

Si Hugo avait acheté Triskel, j'aurais passé beaucoup de temps avec Nick. Véronique s'est donc arrangée pour arriver à ses fins en aidant Brad à remporter le duel. Alors, tout ce qu'elle a raconté à Nick dans le spa, c'était aussi des mensonges ? A-t-elle vraiment des remords d'avoir agi ainsi ? Est-ce qu'elle savait que Nick et Sébastien n'étaient aucunement censés danser avec Hugo ?

J'aimerais bien avoir les réponses à toutes ces questions. Malheureusement, je ne suis plus certaine de rien. Cette fille ment comme elle respire ! Peut-être même que tout ce qu'elle vient de me raconter n'est qu'invention de sa part.

Je jette un coup d'œil sur la scène. Le groupe précédent a presque fini. Dès que les deux dernières filles ont terminé leur séquence, elles saluent le juge puis retournent se placer tout au bout de la rangée de danseurs alignés les uns à côté des autres derrière la scène. Ils doivent rester immobiles jusqu'à ce que le juge ait terminé de noter chacun des participants du groupe. Au moment où le juge fait un signe de tête, l'ensemble des danseurs le salue à nouveau en pointant le pied droit, la jambe bien tendue vers l'avant, puis ils saluent une deuxième fois en direction des musiciens. En file indienne, ils contournent le plateau pour se diriger vers la prochaine scène où ils danseront. C'est déjà notre tour!

J'attends avec impatience qu'un bénévole nous fasse signe de nous installer en ligne derrière le plateau et je pousse un cri de surprise en découvrant qui en est le responsable. C'est Nick! Nous sommes une quinzaine de danseuses au total et je suis la dernière de la rangée. Nick se trouve donc tout près de moi. Normalement, je n'aurais pas le temps de discuter avec lui, mais personne n'est assis à la table devant nous; les juges sont probablement en pause. Avoir su, nous aurions pu prendre tout notre temps! Tant qu'à patienter, j'en profite pour interroger Nick discrètement, tout en maintenant mon corps bien droit et mes hanches en ouverture.

— Qu'est-ce que tu fais ici ? Tu es bénévole ? chuchoté-je.

— Oui ! Étant donné que je ne danse pas, je me suis porté volontaire. Maé, ta robe est superbe !

— Merci !

Je sens mes joues s'empourprer et j'entends un grognement à mes côtés. Je crois que Véronique a entendu le commentaire de Nick. Cette fois, j'élève un peu la voix pour qu'elle ne manque rien de notre conversation.

— Tu sais, c'est grâce à ton texto si je peux faire cette danse. Sébastien nous a avisées juste à temps.

Véronique a toujours ce faux sourire qu'elle affiche pour le juge qui n'est pas encore là. Sa posture est parfaite. Son corps est droit, ses jambes croisées, ses pieds sont ouverts l'un devant l'autre et elle maintient ses épaules vers l'arrière pour que ses bras demeurent collés le long de son corps. Comme toutes les autres danseuses, ses poings fermés sont placés derrière sa jupe qui scintille sous les néons du gymnase. La malchance veut que je sois à côté d'elle. Puisque les danseuses se présentent deux par deux devant le juge, ça signifie que nous danserons ensemble.

Je suis heureuse que Nick soit près de moi. J'espère que ça va me porter chance. Par contre, je sens aussi un petit stress de plus puisqu'il sera aux premières loges pour voir ma performance. Je dois donner le meilleur de moi-même, mais surtout je dois faire mieux que Véronique, même si je n'ai pas besoin de remporter cette danse pour changer de niveau !

J'aimerais tellement avoir le temps de discuter avec Nick. Est-ce qu'il sait que Triskel va bientôt fermer ses portes ? Est-ce qu'il aurait pu me cacher cette information pour éviter que je m'inquiète à ce sujet ? Ce n'est ni l'endroit ni le temps d'en discuter avec lui.

Les deux autres juges sont déjà de retour. Le nôtre devrait bientôt se pointer. Lorsqu'il prend enfin place devant nous, je manque m'étouffer. Hugo ! C'est lui qui va me juger ! Celui-là même que j'ai ébouillanté avec ma soupe et assommé avec un ballon de plage !

— Tu ne m'avais pas dit que ton père était juge ! marmonné-je entre mes dents à l'intention de Nick.

J'affiche mon plus beau « faux » sourire à Hugo. Ce dernier regarde chaque danseuse et note le numéro qui nous identifie sur les feuilles placées devant lui. Lorsque Hugo fait un signe de tête, Nick s'approche de moi et de Véronique.

— Vous êtes les premières, vous pouvez prendre place sur la scène. Ne te laisse pas déconcentrer par mon père, ajoute-t-il discrètement à mon intention.

Je vais rejoindre la chipie déjà en position. Hugo et elle doivent se connaître plutôt bien, puisqu'ils ont fait partie de la même tournée. Est-ce que cela peut l'avantager ? Ou est-ce pour se faire pardonner les événements d'hier qu'elle lui adresse ce sourire si éblouissant ? Ne pas me laisser déconcentrer... facile à dire ! Dès que la musique commence, je m'élance et enchaîne les deux pas de *reel* que je dois faire. Je n'ai que quelques secondes pour impressionner Hugo. Je dois donc mettre le paquet pour lui montrer ce que je sais faire, en dépit des tonnes de questions qui tournent en boucle dans ma tête.

Véronique fait un saut et passe devant moi. Argh ! Concentre-toi, Maélie ! Puisque nous appartenons à deux écoles différentes, nous n'exécutons pas les mêmes pas. On doit donc éviter de se foncer dedans tout en se concentrant sur notre technique qui doit être impeccable pour arriver à se démarquer. Je veux démontrer à Hugo que je danse mieux qu'elle ! Je croise mes chevilles trois fois vers l'arrière et je pointe le pied devant. Je fais un déplacement sur la gauche en tendant la jambe au maximum tout en maintenant un équilibre impeccable sur le bout de mes orteils. Aaaargh! Véro semble toujours se trouver devant moi! Comment Hugo peut-il m'évaluer correctement s'il ne me voit même pas danser? Je dois mettre de la distance entre nous! Je m'élance enfin vers la droite en une succession rapide de pas sur la pointe des pieds pour terminer ma dernière séquence devant le juge. De concert, nous saluons, la jambe droite tendue et le pied pointé. Puis nous retournons à notre place derrière la scène tandis que les deux danseuses suivantes ont commencé leur numéro à l'instant précis où nous nous sommes arrêtées.

Je ne regarde même pas Nick lorsque je vais me placer près de lui, ni Kim et encore moins Véronique, car je suis vraiment déçue de ma performance. Je sais que je peux faire beaucoup mieux que ça. Au lieu de penser à avoir les jambes bien droites, à pointer les pieds et à demeurer sur le temps, j'ai pensé à madame Lessard qui va arrêter de danser, à Brad qui sera bientôt mon nouveau prof, à Nick que j'aurais aimé impressionner, et tout ça en tentant d'échapper à cette vipère de Véronique qui était aussi collante qu'un *popsicle* qui dégouline en plein soleil ! Même si la danse n'a duré que quelques secondes, des dizaines de pensées n'arrêtaient pas de tourbillonner dans ma tête. Elles ont pris toute la place.

Maintenant que c'est au tour de Kim, j'essaie de reporter mon attention sur la scène. Mon amie est si gracieuse lorsqu'elle danse ! Le *reel* est sa danse préférée et ses pieds fouettent l'air avec agilité. Ses jambes présentent une extension impeccable et elle est pile sur le temps. Lorsqu'elle sort de scène, je lui souris. Elle a été parfaite !

Bien que ma première danse soit à oublier, la compé est loin d'être terminée ! Il me reste encore trois autres danses à exécuter et rien n'est perdu. Pour changer de niveau, je dois remporter seulement les deux dernières. Celles qui seront dansées en souliers durs.

J'aurai peut-être une nouvelle occasion de faire bonne impression devant les juges. Au fond de moi, même si je ne veux pas me l'avouer, je sais que c'est Nick que j'aurais aimé impressionner...

# 20

# Les résultats

Dès que nous sortons du plateau après notre deuxième danse, on nous annonce que la compétition reprendra après l'heure du lunch. Nous avons donc 30 minutes de pause avant de recommencer à danser. J'aperçois Nick qui se dirige vers nous.

—Alors, les filles, comment a été votre *slip jig*?

Nick ne nous a pas vues danser puisqu'il était assigné à un autre plateau.

—Kim a été parfaite! Moi, on dirait que j'ai deux pieds gauches aujourd'hui! Tu ne m'avais pas dit que ton père est non seulement prof de danse, mais aussi juge!

—Ça lui arrive de temps à autre.

—Tu as déjà été jugé par ton propre père?

—Non, un prof ne peut pas juger ses élèves. C'est pourquoi mon père se trouve au gymnase et non à l'auditorium.

— Et si nous allions voir Seb ? propose Kim. Peut-être qu'il n'est pas en pause en même temps que nous.

— Je dois d'abord parler à madame Lessard. J'irai vous rejoindre dès que possible, dis-je.

— Qu'est-ce qui se passe ? demande Kim, qui a noté mon inquiétude.

— On s'en reparle plus tard, l'assuré-je en me dirigeant vers ma prof que j'aperçois au loin.

Madame Lessard discute avec la mère d'une danseuse de notre école dont c'est la première compétition. La fillette doit avoir quatre ou cinq ans. Elle est mignonne comme tout avec sa robe aux couleurs de l'école Triskel. J'en ai porté une comme celle-là à mes premières compétitions puisque les débutants ne peuvent porter une robe « solo ». Un triskel noir aux motifs celtiques mauves est brodé sur la poitrine. Deux plus petits ornent les manches et la cape noire attachée au dos contraste joliment avec le tissu blanc.

— Maélie ! J'ai vu tes deux premières danses…

— J'aurais préféré que vous ne voyiez pas ce désastre, madame Lessard.

La mère entraîne sa fille un peu plus loin pour qu'on puisse parler en toute intimité.

— Écoute, Maé, tout est encore possible, affirme madame Lessard en enroulant autour de son cou le foulard multicolore qui a glissé sur ses épaules. Le soulier dur est ta force et vous êtes seulement une dizaine de danseurs à vous affronter cet après-midi. Je suis certaine que tu peux vaincre les autres. À condition que tu laisses tes tracas de côté. Fais le vide dans ton esprit. Ne pense qu'au plaisir que te procure la danse. Tu dois mettre toutes tes préoccupations dans un tiroir que tu refermes le temps de ta performance.

— Alors vous avez remarqué que je suis préoccupée...

— C'était plutôt évident, oui. Tu aimerais me parler de ce qui te tracasse ?

— C'est justement pour ça que je suis ici. Avant de monter sur scène, j'ai discuté avec Véronique. C'est une danseuse de Double Clic. Elle m'a révélé que Triskel allait bientôt fermer ses portes...

Madame Lessard fronce les sourcils.

— Quoi ? D'où tient-elle cette information ?

— Selon elle, Brad souhaite que Double Clic devienne LA référence à Québec.

Madame Lessard semble perdue dans ses pensées.

— Vous n'étiez pas au courant ? reprends-je.

— Non... Il n'a jamais été question que Triskel cesse ses activités...

— D'après vous, est-ce que Véro m'a raconté tout ça pour me déstabiliser avant la compétition, ou est-ce possible qu'elle dise la vérité ?

— Je ne peux malheureusement pas te répondre. Je vais mener ma petite enquête. Et je devrai le faire rapidement, car j'ai rendez-vous avec Brad en fin d'après-midi pour qu'il signe le contrat lui permettant de devenir propriétaire de Triskel. Si c'est réellement son intention, alors je te promets qu'il n'y aura aucune entente entre nous deux. Je n'accepterai jamais de vendre l'école que j'ai mise sur pied avec tant d'amour et de travail à quelqu'un qui veut saboter tous mes efforts. Je te promets que Triskel ne fermera pas ses portes. Je m'occupe de cette situation et j'aimerais que tu arrêtes de t'inquiéter avec ça. Tu me le promets ?

— Oui. Merci, madame Lessard.

— Maintenant, oublie toute cette histoire et montre ce que tu sais faire aux juges qui seront devant toi cet après-midi.

Je serre madame Lessard dans mes bras. Je suis contente de lui avoir parlé et je lui fais entièrement confiance pour régler la situation. Maintenant que j'ai partagé mes inquiétudes, je me sens beaucoup plus légère, comme si un poids avait été enlevé de mes épaules. Je ne sais pas comment elle va s'y prendre pour découvrir les intentions de son neveu concernant Triskel, mais je décide de ne plus penser à ce problème tant que la compétition ne sera pas terminée. Après l'avoir saluée, je vais rejoindre Kim. Étant donné que les couloirs de l'école sont bondés, j'avance à pas de tortue.

Quand j'entre dans l'auditorium, Sébastien est déjà sur scène. À son niveau, trois juges évaluent un seul danseur à la fois.

Wow ! Je suis éblouie ! Seb se déplace d'un côté à l'autre de la scène en enchaînant une série de pas rapides avec un contrôle parfait. Nous pouvons entendre très clairement chaque son qu'il produit avec ses pieds. Lorsqu'il salue les juges, j'applaudis en cherchant à repérer Kim et Nick. Mon amie est assise dans l'avant-dernière rangée.

— T'as vu Seb danser ? me demande-t-elle.

— Oui, il a été génial ! Où est Nick ?

— Il discute avec Véronique là-bas.

Je me retourne et les aperçois dans la pénombre à l'arrière de l'auditorium. Je ne crois pas qu'ils aient vu la prestation de Sébastien puisqu'ils sont en grande discussion tous les deux. La dernière fois qu'ils se sont parlé remonte probablement à hier lorsque nous étions dans le spa. Et ça s'est plutôt mal terminé… J'ai l'impression que Véronique essaie d'arranger les choses avec Nick. Elle tient sa main et même de loin, je peux voir qu'elle essaie de le charmer. Est-ce possible de faire disparaître cette fille d'un claquement de doigts ?

Je ne suis pas certaine que ce soit une bonne idée de les interrompre, mais Nick nous a vues, Kim et moi, et nous fait signe de le rejoindre. Lorsque nous arrivons près d'eux, Véronique prétexte qu'elle doit aller dîner. Elle salue Nick, puis s'éloigne sans même nous regarder.

— Ton amie ne semble pas très heureuse de nous voir, lui fais-je remarquer.

— Véro est déçue de ne pas avoir remporté la première place en *reel*. C'est une des deux danses qui lui manquaient pour monter de niveau.

— Quoi ? Les résultats sont déjà sortis ? Vite ! On va les voir ! s'emballe Kim en nous poussant, Nick et moi, vers la sortie.

Même si je suis certaine de ne pas être classée, je la suis. En sortant de l'auditorium, nous passons devant les marchands et Kim ralentit pour regarder les étalages. Ils offrent un peu de tout : des shorts et des chandails de toutes les couleurs sur lesquels il est possible de faire imprimer le logo du *feis* de Noël, des valises pour transporter le matériel lors des compés, des épinglettes et même des flûtes irlandaises. Mon amie s'attarde quelques instants devant un présentoir de bijoux pour choisir de nouvelles boucles d'oreilles. La plupart sont serties de grosses pierres brillantes. Elle doit faire un pas de côté lorsqu'une danseuse derrière elle la bouscule pour attraper, de l'autre côté du présentoir, un porte-clés représentant un soulier de danse.

Nick s'amuse de nous voir en admiration devant les diadèmes ornés d'immenses pierres brillantes de toutes les couleurs.

— C'est trop beau ! Tu as vu celui-ci ? me demande Kim. Ces pierres roses seraient parfaites pour aller avec ma nouvelle robe.

— Regarde ces boucles pour les souliers ! m'exclamé-je en pointant une paire surmontée de dizaines de pierres très brillantes. Elles sont incroyables !

Ces accessoires en métal s'installent sur le dessus des souliers durs à l'aide d'un élastique intégré. Elles sont idéales pour attirer l'attention des juges sur le mouvement des pieds et maintenir les lacets bien en place.

— Nous n'étions pas en route pour aller voir les résultats ? nous rappelle Nick.

— Tu as raison, allons-y ! l'approuvé-je en tirant Kim par le bras. Viens, tu finiras ton magasinage plus tard !

Je salue le vendeur qui semble déçu de nous voir nous éloigner sans avoir acheté la moindre babiole. Mon amie nous suit à contrecœur jusqu'au couloir où sont affichées les positions. Des dizaines de feuilles sont collées sur le mur mais, pour parvenir jusque-là, nous devons jouer du coude. Une trentaine de personnes, dont au moins la moitié sont des danseurs, discutent bruyamment en attendant que leurs résultats arrivent. S'il y a autant de monde ici, c'est que les notes ne sortent pas si vite que ça, finalement. Nous pouvons donc nous compter chanceuses que les nôtres soient déjà disponibles ! Nous nous dirigeons vers la section correspondant à notre niveau et je repère enfin le classement de notre groupe d'âge. Des médailles sont remises uniquement aux danseurs qui ont réussi à obtenir l'une des trois premières places.

## *Feis* de Noël

Niveau *Prizewinner* – 14 ans et plus

*Reel*

1 Kim Rodriguez – Triskel

2 Véronique Boivin – Double Clic

3 Chloé Richard – Temps Danse

— Première en *reel* ! s'écrie Kim en bondissant de joie.

Mon amie me saute dans les bras et je la félicite. Cette première place est méritée puisqu'elle a vraiment très bien dansé. Évidemment, ce n'est pas une surprise que mon nom ne soit pas là.

— Véronique est deuxième. Tu as fait mieux qu'elle ! dis-je à Kim en lui faisant un *high five*.

Une deuxième place, c'est plutôt bien. Mais les danseurs sont souvent déçus puisque seule la première place permet de changer de niveau. Je ne devrais pas me réjouir du malheur des autres, même si je ne peux m'empêcher de penser qu'elle a eu ce qu'elle méritait.

Nous cherchons ensuite les notes de notre deuxième danse, le *slip jig* :

*Feis* de Noël

Niveau *Prizewinner* – 14 ans et plus

*Slip jig*

1 Véronique Boivin – Double Clic

2 Anaëlle Rioux – Huit temps

3 Kim Rodriguez – Triskel

Véronique a obtenu la première place. Ça ne me surprend pas vraiment puisqu'elle danse plutôt bien, je dois l'avouer.

Kim est contente d'être arrivée troisième. Même si elle a déjà remporté toutes les danses, elle a décidé de participer quand même à ce *feis*. En plus d'étrenner sa nouvelle robe, elle s'est dit qu'il est toujours bon d'acquérir un maximum d'expérience de compétition avant d'intégrer les groupes plus avancés.

— Je dois retourner au gymnase, nous informe Nick après avoir félicité Kim pour sa troisième place. Je peux te dire deux mots, Maé?

— Je vais rejoindre mes parents, me salue mon amie. À tout à l'heure!

Nick me prend la main et m'attire dans un coin plus tranquille. Les battements de mon cœur s'accélèrent au simple contact de ses doigts contre les miens.

— Tu es nerveuse pour cet après-midi?

— Ça paraît tant que ça?

— Je sais que tu peux y arriver, Maé. Si tu danses de la même façon que tu l'as fait à la répétition, tu vas obtenir la première place en *treble jig* et en *hornpipe*, ça ne fait aucun doute!

— Je n'en suis pas aussi convaincu que toi, mais j'apprécie la confiance que tu as en moi.

— Je peux te souhaiter bonne chance ?

Nick s'approche et dépose un baiser léger sur mes lèvres. Je suis si surprise que j'en reste bouche bée. Devant mon air ébahi, il me sourit et s'éloigne en me saluant de la main.

# 21

# Et hop, la toque !

Je rejoins mon amie dans le couloir où nous avons laissé nos affaires. Mon frère n'est pas là. Ma mère m'apprend qu'il s'est fait un ami (le frère d'une danseuse) et qu'il joue au soccer près de la cafétéria. Je suis bien contente pour lui. Il va trouver la journée un peu moins longue !

J'entraîne Kim loin des oreilles indiscrètes de nos parents pour lui raconter ce qui vient de se passer avec Nick.

— Noooon ! Il t'a embrassée ? Et moi qui le croyais timide !

— Ça n'a duré qu'une seconde, mais je t'assure que c'était la seconde la plus merveilleuse de toute ma vie !

— T'es trop chanceuse ! J'aimerais tellement que Sébastien soit aussi romantique que Nick et me fasse une déclaration d'amour avant la fin de la journée. Je crois que les chances pour que cela arrive sont presque nulles.

— Ne sois pas aussi désespérée ! Sébastien t'a clairement dit qu'il te trouve très jolie.

— C'était peut-être juste pour être poli... Et si tu m'expliquais pourquoi tu tenais tant à parler à madame Lessard ?

Je lui raconte les insinuations de Véronique concernant la probable fermeture de Triskel. Kim prend plutôt bien tout ce que je viens de lui raconter. Elle préfère croire qu'il y a encore une chance pour que Brad ne devienne pas le nouveau propriétaire de Triskel, finalement... Dans quelques heures, nous serons fixées puisque le contrat doit être signé en fin de journée. D'ici là, je décide de mettre les conseils de madame Lessard en pratique et de me concentrer sur les deux prochaines danses. Il reste seulement cinq minutes avant que la compétition ne reprenne.

J'ouvre la glacière et attrape un sandwich. Tout en mangeant, je retire mes souliers souples pour enfiler mes souliers durs.

— Tu as fait des doubles boucles ? demande ma mère.

— Oui, maman ! la rassuré-je en levant les yeux au ciel.

Elle n'a pas besoin de me le rappeler. Je n'en suis tout de même pas à ma première compétition ! J'ai oublié une seule fois d'attacher bien solidement mes souliers, et on ne m'y reprendra plus. Quand le juge s'est rendu compte que mon lacet était défait, il a ordonné que je rattache mon soulier au beau milieu de la danse. Même celle qui dansait avec moi a dû s'arrêter et reprendre ses enchaînements au complet. La honte totale !

— Prête ? fait Kim qui a enfilé ses souliers durs à toute vitesse.

— Allons-y !

— Un biscuit au chocolat pour la route ? propose ma mère avant que nous partions.

Kim adore le chocolat. Elle en prend un et la remercie.

— Je vais jeter un coup d'œil à ton frère et je reviens vous voir danser. Bonne chance, les filles !

En approchant du gymnase, nous entendons la musique. La compétition est déjà recommencée ! Nous nous empressons de rejoindre le plateau sur lequel notre groupe est présentement en attente. Au total, nous sommes douze participants, dix filles et deux garçons.

Plus loin, Nick a repris son poste sur la scène 2. La prochaine danse est le *treble jig*. Cette fois-ci, ce ne sera pas Hugo qui me jugera, mais une dame qui doit bien être dans la soixantaine. C'est la première fois que je la vois. Elle dépose sur la table un gobelet de café et un sac à main à motif léopard qui s'agence parfaitement à ses talons aiguilles d'une hauteur vertigineuse. Comment fait-elle pour marcher avec ça sans se rompre le cou ?

À son signal, nous nous installons en ligne derrière la scène. Tout juste avant que ce ne soit mon tour de danser, je me répète en boucle le conseil de madame Lessard et je fais le vide dans mon esprit. Je ne pense qu'aux pas que j'ai à enchaîner. Lorsque les concurrentes qui me précèdent ont presque terminé leur deuxième pas, je prends place sur la scène au côté d'un des garçons du groupe. Au premier *bang* que je frappe au sol, je sens la vibration se répandre dans mon corps. Il n'y a pas de doute, la danse en souliers durs est ce que je préfère. Les sons produits par les talons et le bout des pieds doivent être parfaitement synchronisés avec la musique.

Après que les douze danseurs ont terminé, nous saluons la juge et les musiciens, puis nous sortons de scène. Cette fois, je suis très contente de ma performance.

— Tu as super bien dansé ! me félicite Kim, qui a toujours plus de difficulté avec les souliers durs.

— En effet, c'était beaucoup mieux que ce matin. Et toi, tu es contente de ta performance ?

— C'était correct, mais je suis certaine que tu as fait mieux que moi. Tes sons étaient parfaits !

— J'ai hâte de voir les résultats.

— Malheureusement, il va falloir patienter un peu puisqu'on est attendues sur la scène 2.

Lorsque Nick donne le signal, nous nous installons derrière le plateau en file indienne. Discrètement, il me souhaite bonne chance alors que je passe près de lui. Je lui souris. Je ne suis pas la seule à le trouver aussi mignon. Plusieurs filles s'attardent plus que nécessaire à ses côtés. Je lui retourne son sourire et prends une grande respiration pour me calmer. Comment un garçon peut-il me faire autant d'effet d'un simple regard ?

La dernière danse de la journée est le *hornpipe*. Tout juste avant que les premières danseuses de la rangée s'avancent au centre de la scène, il y a un nouveau changement de juge. Je me demande bien qui évaluera ma dernière danse… J'espère que ce sera Hugo. En formulant mon souhait, j'ai l'heureuse surprise de le voir s'installer à la table devant nous. Voilà ma dernière chance de lui montrer ce que je sais faire. J'ai hâte que ce soit mon tour. Il commence par relever le numéro de chaque participant sur les feuilles devant lui. Il esquisse un sourire à peine perceptible en notant le mien. Derrière lui, la foule est nombreuse, bien que je repère tout de même madame Lessard qui lève le pouce pour m'encourager, puis ma mère et mon frère qui sont assis dans les estrades. Un homme est assis avec eux. Il me salue de la main. Qui est-ce ? Je plisse les yeux pour voir un peu mieux et j'ouvre grand les yeux. Papa ?! Que fait-il ici ? Je croyais qu'il travaillait ce week-end ! Comme je ne peux le saluer, je lui offre mon plus beau sourire. Je suis si heureuse qu'il soit là ! Je sens une incroyable poussée d'adrénaline dans tout mon corps. J'ai le goût de courir jusqu'à lui et de sauter dans ses bras ; ça devra malheureusement attendre. Il est maintenant temps de me concentrer sur la danse à venir.

Une fois de plus, je suis dérangée par Véronique qui se pointe à la dernière minute. Comme je ferme la file, elle vient s'installer à mes côtés. Argh ! Encore une fois, j'aurai à danser en même temps qu'elle ! Je respire profondément. Je dois éviter de me laisser distraire. Je me concentre plutôt sur les danseurs qui sont sur la scène. J'observe Kim avec attention puisque je devrai effectuer le même pas dans quelques minutes.

Lorsque les avant-derniers danseurs en sont aux trois quarts de leur prestation, je m'avance au centre de la scène. Véronique prend place à mes côtés. Alors que les filles qui nous précèdent saluent le juge dès qu'elles ont terminé, je m'élance sur la musique en même temps que Véronique et je m'applique à faire mes pas à la perfection.

Et un-deux-trois-quatre sur les pointes en tourbillonnant sans perdre l'équilibre, je me déplace de droite à gauche en faisant quelques rapides jeux de pieds. Je suis si concentrée sur mes enchaînements que c'est à peine si je remarque Véronique, qui se trouve parfois très près de moi. Une fois de plus, les deux séquences qu'elle exécute sont différentes des miennes. Je m'apprête à faire un clic avant, un mouvement où, après avoir percuté les talons ensemble, je tends la jambe droite très haut dans les airs. Mon cœur saute un battement lorsque j'aperçois Véronique qui se dirige vers moi dans un enchaînement de pas latéraux. Elle pourrait passer derrière, mais il est évident qu'elle n'en a aucunement l'intention. J'ai déjà amorcé mon mouvement. Pour éviter qu'elle reçoive mon pied en pleine figure, j'ouvre un peu la jambe en espérant que j'arriverai à l'éviter.

Ouf ! J'ai épargné sa tête ! On peut vraiment affirmer que je suis passée à deux doigts de la décapiter ! J'ai l'impression que tous ceux qui nous regardent ont retenu leur souffle ! Véronique pousse un cri. Juste comme je repose le pied au sol, j'aperçois un objet non identifié qui vole dans les airs. La danse est terminée et je salue le juge. Hugo retient un ricanement. Derrière moi, les filles ne sont pas aussi discrètes. Je les entends pouffer de rire.

Que se passe-t-il ?

Plusieurs personnes dans la foule pointent la danseuse à mes côtés. Faisant demi-tour pour reprendre ma place auprès des autres danseurs, je me rends compte que Véronique est complètement décoiffée. Elle a perdu sa toque !

Oh ! C'est donc ça que j'ai vu voler dans les airs il y a un instant à peine ! Je comprends enfin ce qui s'est produit. Lorsque Véro est passée devant moi, j'ai probablement accroché son chignon avec le bout de mon soulier. Le pire dans tout ça, c'est que son postiche a atterri sur la table du juge !

Il y a juste à moi que ça arrive des histoires comme celle-là. J'ai tellement le don de me mettre dans le pétrin ! Je suis d'abord embarrassée par ce qui vient de se passer, puis mes remords font vite place à la satisfaction de voir Véronique aussi furieuse. Heureusement, elle n'a pas été blessée physiquement, mais elle l'est sûrement dans son orgueil lorsqu'elle s'avance vers Hugo pour récupérer sa toque, sous les applaudissements de la foule.

Et moi qui espérais que Nick se souvienne de moi après cette compétition. Il n'est pas près de m'oublier, ça, c'est certain !

# 22
# Prise de bec

Kim et moi sortons de scène. Sans même lui expliquer où je vais, je cours vers les estrades et m'empresse de serrer mon père dans mes bras.

— Quel accueil ! Comment vas-tu, ma pitchounette ?

— Je suis tellement contente que tu sois là ! Tu n'es pas au travail ?

— J'ai atterri à l'aéroport d'Ottawa cet après-midi et je repars cette nuit. J'ai pensé que je pourrais bien venir encourager ma danseuse favorite avant de repartir !

— Bonjour, monsieur Laframboise ! le salue Kim qui vient tout juste de me rejoindre.

— Allo, Kim ! Félicitations, les filles, vous avez super bien dansé !

— Tu as aussi vu le *treble jig* ?

— Oui, j'étais là.

— Et il n'a rien manqué du formidable botté de la fin, me taquine Tristan, toujours plié en deux. C'était génial ! En tout cas, je n'ai jamais autant ri !

— C'est vrai que tu ne l'as pas manquée, la Véronique, rigole Kim.

— Je n'ai pas fait exprès !

— Je le sais bien ! Tu viens ? Je veux connaître les résultats.

— Allez-y, les filles, on vous rejoint dans un instant, lance mon père.

Mon amie m'entraîne vers le couloir où sont affichées les positions. Je jette un coup d'œil aux feuilles sur le mur et trouve le résultat de ma troisième danse.

## *Feis* de Noël

Niveau *Prizewinner* – 14 ans et plus

*Treble jig*

1 Maélie Laframboise – Triskel

2 Magali Lalancette – Pas à pas

3 Chloé Richard – Temps Danse

— Je suis première !

Je saute dans les airs, trop contente d'avoir réussi.

— Yé ! me félicite Kim en me serrant dans ses bras.

Même si mon amie ne s'est pas classée parmi les trois premières, elle est très contente pour moi.

— Il en manque seulement une pour changer de niveau !

Je cherche les résultats de la quatrième danse de la journée, mais ils ne sont pas encore affichés. On doit patienter jusqu'à ce que le responsable se pointe.

Véronique attend parmi les dizaines de curieux qui s'entassent pour voir le classement. Elle a déjà enlevé sa robe et enfilé ses vêtements de sport au logo de Double Clic : un trèfle à quatre feuilles sur lequel est brodée une paire de souliers durs.

— Je dois parler à Véronique. Je reviens dans un instant.

Kim ne me pose pas de questions. Elle se doute probablement que je désire m'excuser pour ce qui est arrivé lors de la dernière danse.

Lorsqu'elle remarque ma présence, Véronique me tourne le dos.

— Je peux te parler ? commencé-je doucement.

— On n'a rien à se dire…

Ouf ! Ce ne sera pas facile ! Elle croise les bras et fait semblant de m'ignorer.

— Écoute, je n'ai pas fait exprès tout à l'heure. Je n'avais pas l'intention de te décoiffer.

— Vraiment ? Tu veux me faire croire que tu ne voulais pas m'humilier ? Que c'était un simple accident ? Et comme par hasard, cet incident se produit sur le plateau de Nick et Hugo ? Tu n'arriveras jamais à me faire avaler ça...

— Que ça te plaise ou non, c'est pourtant la vérité. Tu t'es retrouvée au mauvais endroit au mauvais moment. Qu'est-ce que je peux faire pour te convaincre ?

— Rien. Mais tu aimerais te rendre utile ? Alors, laisse Nick tranquille !

— Nick n'a rien à voir dans cette histoire !

— Au contraire...

Véronique laisse sa phrase en suspens lorsque Brad apparaît à nos côtés. Pour une fois, il tombe à pic, celui-là.

— Alors les filles, vous commencez déjà à fraterniser ?

Si Brad ne voit pas la tension qu'il y a entre nous, c'est qu'il est complètement aveugle !

— C'est bien, car les élèves de Triskel et de Double Clic auront prochainement un point en commun : moi ! Ne soyez pas inquiètes, vous aurez tout le temps nécessaire pour faire plus ample connaissance et apprendre à vous apprécier l'une et l'autre. Je vous conseille de faire la paix toutes les deux car vous aurez bientôt à travailler ensemble.

C'est un cauchemar ! Réveillez-moi quelqu'un ! Il croit que Véro pourrait devenir mon amie ? Il rêve en couleurs !

— Bon ! Je dois vous laisser. J'ai un contrat à signer.

Dès que Brad tourne les talons, je fais de même avant que Véronique ne s'en prenne de nouveau à moi, puis je vais rejoindre Kim.

— Qu'est-ce qui se passe ? me demande-t-elle en apercevant mon air découragé.

— Je ne peux pas croire que Brad va remplacer madame Lessard. Ce sera carrément insupportable ! Tu sais quoi ? Il s'est mis en tête que Véronique et moi, on pourrait devenir les deux meilleures amies du monde !

Kim éclate de rire.

— Il y a zéro chance que ça arrive. On ne la voit qu'aux compétitions, cette fille !

— T'as raison. Laisse-moi réfléchir… Brad nous a dit de régler nos différends car nous aurions à danser ensemble très bientôt…

— Soit il blaguait, ce qui serait bien son genre, soit c'est un aveu de sa part ! déclare-t-elle.

— Qu'est-ce que tu entends par là ?

— Brad veut que Véronique et toi deveniez amies. Comment serait-ce possible s'il n'avait pas vraiment l'intention de fermer Triskel ? S'il conservait les deux écoles, vous n'auriez pas souvent l'occasion de vous revoir !

— C'est vrai ! Je n'avais pas pensé à ça ! J'ai parlé à madame Lessard un peu plus tôt et elle m'a affirmé qu'elle avait la situation bien en main. Pourtant, Brad vient tout juste de déclarer qu'il s'en allait signer un contrat. Tu crois qu'il serait prêt à mentir à madame Lessard pour arriver à ses fins ?

— Ouais... malheureusement, c'est tout à fait son genre.

Soudain, il y a de l'agitation derrière moi. Le responsable des résultats arrive avec une liasse de feuilles qu'il colle au mur avec du ruban adhésif. Je parviens enfin à voir celle qui m'intéresse :

*Feis* de Noël

Niveau *Prizewinner* – 14 ans et plus

*Hornpipe*

1 Maélie Laframboise – Triskel

2 Véronique Boivin – Double Clic

3 Samuel Bédard – Temps Danse

Je suis trop contente ! J'ai atteint le niveau *prelim* ! Kim me félicite. Mon rêve se réalise enfin. Si je ne me retenais pas, je crierais mon bonheur au monde entier. J'ai le sourire fendu jusqu'aux oreilles. Mes parents se dirigent vers moi. Je saute dans leurs bras en leur annonçant que j'ai réussi. Ma mère est presque aussi excitée que moi ! Elle m'annonce que nous allons souper au restaurant avec mon père ce soir pour fêter ça.

Je dois trouver Nick pour lui annoncer la bonne nouvelle. C'est plutôt Véronique que j'aperçois derrière mon épaule. Elle jette un œil aux résultats.

— C'est pas vrai ! soupire-t-elle avant de nous tourner le dos et de s'éloigner.

— Qu'est-ce qui lui prend ? demande Kim.

— C'est probablement la seconde danse qui lui manquait pour monter de niveau et elle a terminé deuxième…

# 23
# Le contrat

Il ne reste que ma famille et celle de Kim dans le corridor où nous étions installés. Mon père propose de souper dans un resto thaïlandais à proximité de l'aéroport. La famille de Kim accepte de nous accompagner. La plupart des compétiteurs sont déjà partis et les lieux se vident rapidement dès que les derniers résultats sont affichés. Les gens sont toujours pressés de partir. Il faut dire que certains sont venus de très loin pour participer à cette compétition et qu'ils ont une longue route à faire avant d'être de retour à la maison.

Ce qui me déprime un peu, c'est que je n'ai toujours pas réussi à recroiser Nick. Où se cache-t-il ? Je veux le saluer avant notre départ. Je n'ai pas oublié sa proposition de passer une soirée au cinéma... Et j'aimerais aussi lui rappeler de me tenir au courant des développements concernant la vente de Triskel.

Noël est dans deux semaines et ce sera l'occasion idéale pour lui proposer une sortie. Si seulement je pouvais le voir... J'espère qu'il n'est pas déjà parti pour Québec !

J'enlève mes souliers et ma robe, puis j'enfile des vêtements confortables. Mon père offre à ma mère de l'aider à ranger les nombreux bagages dans la voiture. Je suis heureuse que, malgré la situation, ils soient capables de se parler calmement tous les deux. Ce n'est pas aussi simple pour tous les couples qui se séparent.

Le cellulaire de Kim émet un bip sonore. Elle vient de recevoir un texto qu'elle s'empresse de lire.

— Je dois passer au petit coin avant de partir, laisse tomber mon amie. Tu viens avec moi, Maé ?

Kim me fait signe de la tête. Elle veut que je l'accompagne, et je doute que ce soit pour se rendre aux toilettes...

Lorsque nous sommes suffisamment éloignées de nos parents, je l'interroge.

— Tu fais bien des mystères. Alors, qui t'a envoyé un texto et où on va ?

— C'est Sébastien... On doit faire vite. Il nous attend à la cafétéria.

Il est beaucoup plus facile de circuler dans les corridors maintenant. En quelques minutes, nous avons rejoint Nick et Sébastien, assis près d'une fenêtre.

—Alors, les filles, comment a été la compé? s'informe Seb en apercevant les deux médailles à mon cou.

Il ne paraît pas au courant de ce qui est arrivé à Véronique lors de la dernière danse. Je décide de ne pas insister là-dessus. Il l'apprendra bien assez vite.

—Malgré une matinée plutôt décevante, j'ai gagné une première position en *treble jig* et en *hornpipe*.

—Super! me félicite Nick. Tu es maintenant *prelim*!

—Je sais! C'est complètement fou!

—Tu oublies une chose, ajoute Kim. Tu as réussi le plus beau botté de tous les temps!

Cette fois, c'est Nick qui raconte à Sébastien comment la toque de Véronique a volé comme un ballon de football dans les airs avant de retomber directement sur la table de son père.

—Ce que j'aurais aimé être là! J'espère que quelqu'un a filmé ça! commente Sébastien, crampé de rire.

Je n'avais pas pensé à ça...

— Je vous rappelle qu'il est interdit de faire des vidéos pendant les compés... Personne ne veut courir le risque de se faire disqualifier, leur rappelé-je, mi-soulagée, mi-déçue.

— Tu as raison, Maélie. Il y a peu de chance que quelqu'un ait capté ta mésaventure. Par contre, je serais prêt à parier que quelqu'un a filmé le moment où Véronique a récupéré son postiche sur la table de mon père, en remet Nick, le sourire aux lèvres.

À ce souvenir, je pouffe de rire. Elle était mortifiée, la pauvre. Et le regard qu'elle m'a décoché ! J'ai presque cru qu'elle allait me sauter à la gorge !

— Et toi, Sébastien, tu as réussi à te classer ?

— J'ai terminé quatrième.

— Wow ! C'est bien, le félicite Kim. En tout cas, je t'ai vu danser et tu as été super bon...

— Désolée de vous interrompre, mais vous avez vu ? C'est madame Lessard et Brad, là-bas ! remarqué-je.

Notre prof discute avec Brad au fond de la cafétéria.

— C'est justement pour ça que je vous ai demandé de nous rejoindre ici, avoue Sébastien. Je ne sais pas de quoi ils discutent tous les deux, sauf que ça semble sérieux...

— Le contrat ! Lorsque j'ai rencontré Brad tout à l'heure, il a parlé d'un contrat à signer. C'est évident que leur discussion concerne la vente de Triskel !

— Vous croyez qu'on peut s'approcher sans se faire repérer ? suggère Kim. J'aimerais bien entendre ce qu'ils se disent tous les deux.

— Je crois que c'est possible, affirme Sébastien. Suivez-moi.

Notre ami nous entraîne hors de la cafétéria. Nous courons les uns derrière les autres tout le long du corridor jusqu'à ce qu'il s'arrête devant une porte sur laquelle est inscrit : « Cuisine, personnel autorisé seulement. » Par chance, la porte n'est pas verrouillée. Avec précaution, Seb jette un coup d'œil à l'intérieur. Deux personnes font du rangement au fond de la pièce. Puisqu'elles nous tournent le dos, Sébastien met l'index devant sa bouche et nous fait signe de le suivre. J'agrippe mes médailles pour ne pas faire de bruit. Pliés en deux pour éviter de nous faire repérer, nous nous dirigeons derrière le comptoir de service. Sébastien a eu une idée de génie ! C'est la place idéale pour entendre la conversation entre madame Lessard et Brad puisque nous voilà maintenant à moins de trois mètres de leur table. Nous nous assoyons tous les quatre sur le sol, dos au comptoir. J'essaie de ne pas me laisser déconcentrer par la proximité de Nick assis à mes côtés, son épaule touchant la mienne. Quand madame Lessard reprend la parole, je tends l'oreille.

— Tu as eu le temps de lire le contrat, Brad ?

— Oui. Tout semble parfait. Il ne reste qu'à signer.

Non ! Est-ce qu'ils sont arrivés à une entente tous les deux ?

— Un dernier petit détail, commence madame Lessard. J'aimerais que tu me promettes que tu feras ton possible pour que cette transition se fasse tout en douceur avec les élèves de Triskel. J'ai ouvert cette école de danse dans le but de transmettre ma passion pour la danse irlandaise. Je n'ai jamais refusé personne qui souhaitait apprendre à danser, que ce soit pour le plaisir ou la compétition. Je suis bien contente que Triskel reste dans la famille. Je souhaite que tu poursuives ce qui a été entrepris et que tu mettes autant d'effort chez Triskel que tu en mets pour faire fonctionner Double Clic.

— Ça va aller. Ne t'en fais pas. Je vais bien m'occuper de ton école de danse… J'ai déjà plein de projets en tête…

On les connaît, ses projets ! Il veut fermer Triskel ! Est-ce que madame Lessard va vraiment croire ses histoires ? Brad ment comme il respire !

— On peut signer maintenant ? la presse-t-il.

— Encore une dernière chose...

J'entends Brad soupirer. J'ai l'impression qu'il commence à s'impatienter.

— Cette feuille doit être annexée au contrat...

— De quoi s'agit-il ? la questionne Brad.

— C'est seulement une petite précision... Un ajout de dernière minute. Je vais te le lire : "Annexe A : Par la présente, moi, Brad Mongeau, je m'engage à diriger Triskel au meilleur de mes connaissances. Pour les dix prochaines années, Triskel ne pourra fermer ses portes sous quelque prétexte que ce soit et il demeurera une entité indépendante de l'école Double Clic. Le non-respect de cette condition entraînerait automatiquement une rupture du contrat et la direction de Triskel reviendrait alors à monsieur Hugo Levasseur."

— Quoi ? Mais c'est du chantage ! s'offusque Brad.

Il est furieux.

— Tu ne peux pas m'obliger à accepter tes combines...

— Je ne t'oblige à rien, Brad. Mais si tu ne prends pas cet engagement, il est hors de question que tu deviennes le nouveau propriétaire de Triskel.

Je regarde mes amis. Je suis certaine qu'ils sont tout aussi impatients que moi de savoir ce que Brad décidera de faire. Achètera-t-il Triskel malgré tout ?

J'entends un bruit de feuilles qu'on déchire.

— Ton école n'arrive pas à la cheville de Double Clic, s'emporte Brad, très en colère. Ce n'est pas un malheureux contrat qui pourra te sauver du naufrage. Je ne donne pas deux ans à Hugo pour mettre la clé sous la porte ! Souhaite-lui bonne chance de ma part, il en aura besoin ! rugit-il avant de s'éloigner.

J'ai presque le goût d'applaudir ! Malgré les menaces de Brad, je ne peux m'empêcher d'être la fille la plus heureuse de la terre ! Triskel ne fermera pas ses portes et l'école sera bientôt dirigée par un danseur de haut calibre. Et le plus merveilleux, c'est que j'aurai l'occasion de voir Nick plusieurs fois par semaine ! Mon ami semble aussi heureux que moi de cette nouvelle puisqu'il me prend la main et me sourit. Si je ne me retenais pas, je danserais autour du comptoir !

Avant qu'on ait pu quitter notre cachette, une voix se fait entendre au-dessus de nos têtes :

— Je te remercie, Maélie. Grâce à toi, j'ai évité la catastrophe ! annonce madame Lessard.

Et nous qui pensions avoir été discrets !

# 24
## Une fête surprise

Trois semaines ont passé depuis le *feis*. Le temps s'est écoulé à toute vitesse avec les nombreux examens et les préparatifs de Noël. Je suis heureuse que mon père ait accepté l'invitation de maman et qu'il ait passé le réveillon de Noël avec nous. Toute la famille du côté de ma mère était présente. J'ai appris à jouer au 500. J'ai toujours pensé que c'était un jeu de cartes pour les vieux, mais c'est plutôt intéressant, je dois l'avouer. Au début, j'ai eu de la difficulté à retenir toutes les règles et à connaître la valeur de chaque carte, puis, aux petites heures du matin, je suis parvenue à miser sans que mon père me vienne en aide. Nous étions plus de trente personnes dans la maison et même si les invités faisaient un boucan d'enfer, Tristan a réussi à s'endormir devant l'écran de son iPod, complètement épuisé.

Maintenant, la plupart des partys de famille sont terminés ; il ne reste que celui du jour de l'An qui aura lieu dans trois jours. Nous avons enfin pu prévoir un moment pour nous revoir, Nick et moi. Depuis que le congé scolaire est commencé, j'attendais cette journée avec impatience et elle est enfin arrivée.

— Comment as-tu trouvé le film ? me demande Nick alors que nous suivons la foule qui se dirige vers la sortie du cinéma.

— J'ai mal au ventre d'avoir trop ri ! C'était un très bon choix, cette comédie !

— Je suis d'accord. J'avais hâte de te revoir, Maé.

— Moi aussi ! Ton père est content d'être le nouveau propriétaire de Triskel ?

— Je crois que c'est son plus beau cadeau de Noël à vie ! Il rêvait depuis si longtemps de posséder sa propre école de danse et un grand studio pour répéter !

— Tu n'auras plus à danser dans ton sous-sol, maintenant.

— C'est vraiment super. Et tu sais quoi ? Mon père aimerait bien que je sois son assistant.

— C'est vrai ? Génial !

— Je serai responsable des débutants.

— Hé ! Je viens de penser à un nom pour ce groupe : les Mini-Triskels !

— C'est bon, ça ! Mon père va adorer !

Une fois à l'extérieur du cinéma, nous nous dirigeons vers l'école de danse, qui n'est qu'à une dizaine de minutes de marche. Il y a longtemps que nous nous sommes vus, Nick et moi. Pas une journée n'a passé sans que je repense à ce baiser qu'il m'a donné le jour du *feis* de Noël. Est-ce que ça fait de lui mon petit ami ? On n'en a jamais reparlé dans les nombreux textos qu'on a échangés depuis.

Tout en marchant sur le trottoir, nous nous éloignons pour éviter deux jeunes garçons qui font la course. Lorsqu'ils ont disparu, Nick s'approche de moi. Sa main frôle la mienne et il agrippe mes doigts. J'ai presque envie d'enlever mes mitaines pour sentir la chaleur de ses doigts sur les miens. Le trajet entre le cinéma et l'école de danse est beaucoup trop court, mais on ne peut s'attarder à l'extérieur plus longtemps puisque nous sommes attendus. Nous avons promis à Hugo, Sébastien et Kim de les aider à finaliser les préparatifs après notre sortie au cinéma.

En fait, une fête surprise a été organisée en fin d'après-midi dans les locaux de Triskel. Tous les élèves à qui madame Lessard a déjà enseigné ont été invités. Notre ancienne prof n'est pas au courant ; son amoureux est censé lui faire croire qu'ils vont souper au restaurant.

Nick pousse la porte et j'entre après lui dans le vestibule. J'enlève mes bottes et accroche mon manteau sur un des crochets. L'odeur du plancher de bois me rappelle tant de souvenirs ! Madame Lessard va vraiment me manquer. J'espère qu'elle viendra faire son tour de temps en temps lorsque les cours reprendront après les fêtes.

— Il y a quelqu'un ? s'enquiert Nick.

— Nous sommes dans la salle rose ! répond Kim.

C'est l'une des pièces adjacentes au studio principal. Plusieurs coussins et tapis sont placés au sol pour permettre aux danseurs de faire des étirements ou simplement de relaxer un peu. On peut y tamiser la lumière et c'est justement ce qu'ont fait Sébastien et Kim, qui sont assis sur le sol, une cinquantaine de ballons gonflés autour d'eux. Grâce au miroir qui tapisse le mur du fond, on a l'impression qu'il y en a deux fois plus.

— J'ai tellement mal aux joues... Enfin de l'aide ! se réjouit Kim en nous apercevant dans le cadre de porte.

— Vous avez presque terminé ! lui fait remarquer Nick. Maélie et moi on va plutôt commencer à les accrocher dans le studio.

— Traître ! lui reproche Kim en s'emparant du sac de ballons dégonflés.

Nick et moi attachons d'abord les ballons par groupe de trois ou quatre avec du ruban de couleur.

— Il va vraiment falloir penser à repeindre les murs de cette pièce, note Sébastien.

— Tu n'aimes pas le rose ? l'interroge Kim.

— Pas sur un mur. Ça fait trop... fille !

— Et si on peinturait les murs jaunes avec un immense triskel mauve tout au centre ? propose Kim.

— Le triskel peut-être, mais le jaune... oublie ça ! blague Sébastien qui imite un haut-le-cœur.

Je pouffe de rire. Pendant que mes amis discutent déco, Nick va chercher l'escabeau, puis nous nous dirigeons vers le studio pour accrocher des ballons à plusieurs endroits. Alors que j'attache un bouquet près de la chaîne stéréo, j'aperçois Hugo dans le vestibule. Il a des plats plein les bras.

— Je vais vous aider, Hugo ! Tu peux te débrouiller seul ? demandé-je à Nick.

— Pas de problème.

— Ça sent bon ! m'exclamé-je en agrippant les contenants qu'il me tend.

— C'est ma femme qui a tout préparé ! Je suis passé au resto avant de venir. La voiture est pleine de hors-d'œuvre et de pâtisseries.

— Vous attendez beaucoup de monde ?

— Une soixantaine de personnes ont répondu à l'invitation.

— Wow ! Je suis certaine que madame Lessard va être super contente de revoir tous ces gens... C'est vraiment une bonne idée que vous avez eue de lui rendre hommage ainsi.

— Tu as raison. Je crois que ça lui fera plaisir. Tu peux aller porter ces plats à la cuisine, Maélie ?

— J'y vais tout de suite.

— Terminé ! lance Sébastien en percutant le cadre de porte avec son épaule.

Il semble tout étourdi.

— Je crois que tu as gonflé un peu trop de ballons ! observe Nick en regardant son cousin tituber.

— Hé, Seb ! Tu veux m'aider à décharger l'auto ? le sollicite Hugo. Ça va te remettre les idées en place !

— J'arrive ! Tu viens, Kim ?

Mon amie est heureuse d'apporter son aide. Tandis que le trio se dirige à l'extérieur, je vais porter les plats à la cuisine.

— Maélie, tu peux venir un instant ? m'appelle Nick.

Je retourne dans le studio principal, mais mon ami n'y est pas.

— Où es-tu ?

— Dans le bureau de mon père.

Je me dirige vers la minuscule pièce qui possède une vitre sans tain donnant sur le studio. Hugo semble très organisé. Du temps de madame Lessard, des vêtements et des accessoires de danse étaient éparpillés en permanence sur le classeur et le bureau principal. Maintenant, cette pièce a vraiment l'air d'un bureau.

— Où sont les costumes ?

— Mon père a décidé d'utiliser la petite pièce à côté de la salle rose pour en faire un rangement. Tous les costumes et accessoires de danse y sont maintenant entreposés.

— Bonne idée !

— Tiens ! C'est pour toi !

Nick me tend un paquet de la grosseur d'une boîte à souliers. Le papier d'emballage est très joli avec des petits bonshommes de neige rouges, blancs et bleus.

— Un cadeau ?

— Même si Noël est passé depuis quelques jours, j'ai pensé que ça te ferait plaisir...

Je m'en veux un peu de ne pas avoir eu l'idée de lui acheter quelque chose. D'un autre côté, je suis très heureuse qu'il ait pensé à moi.

Je déchire le papier, soulève le couvercle et aperçois les boucles de souliers brillantes qui me faisaient si envie au dernier *feis*.

— Oh ! Merci ! C'est vraiment gentil !

— Tu semblais les aimer, alors j'ai pensé te les offrir...

Comme je m'apprête à reposer la boîte sur le bureau, Nick ajoute :

— Il y a un autre cadeau dans la boîte...

— Un autre ?

Le paquet me paraît vide. J'enlève le papier de soie rouge et j'aperçois une enveloppe tout au fond.

— Qu'est-ce que c'est ?

Comme Nick garde le silence avec un drôle de sourire en coin, je m'empresse de regarder à l'intérieur. Un billet pour... Rêve celtique !

— Dis-moi que ce n'est pas une blague !

— La troupe sera de passage au Grand Théâtre de Québec le mois prochain. Mon père s'est fait offrir des billets par un ami qui fait partie de la tournée. J'ai pensé que ça te ferait plaisir de venir voir ce spectacle avec nous.

— Trop cool !

— Tu auras même droit à une visite des coulisses...

Je ne peux m'empêcher de lui sauter dans les bras. Pincez-moi quelqu'un, je dois sûrement rêver.

J'aurai la chance de voir en direct la prestation de la troupe Rêve celtique, en plus d'avoir droit au traitement VIP ! Et tout ça, en compagnie du garçon de mes rêves ! Il n'y a aucun doute, c'est la plus belle journée de toute ma vie !

*À suivre...*

# À propos de l'auteure

C'est par hasard que Carolyn Chouinard a découvert la danse irlandaise, en regardant un spectacle à la télévision. Ç'a été le coup de foudre immédiat ! Quelques années plus tard, elle s'inscrivait à des cours et elle n'a jamais arrêté de danser depuis. Elle a transmis sa passion à ses trois filles, qui participent à plusieurs *feis* chaque année, tant au Canada qu'aux États-Unis et veut aussi la partager avec ses lecteurs.

# Table des matières

Suivez-nous

GARANT DES FORÊTS INTACTES

Achevé d'imprimer en mars 2017
sur les presses de l'imprimerie Marquis-Gagné
Louiseville, Québec